Odil Hannes Steck

Bereitete Heimkehr

Stuttgarter Bibelstudien
121

Herausgegeben von
Helmut Merklein und Erich Zenger

Odil Hannes Steck

Bereitete Heimkehr

Jesaja 35 als redaktionelle Brücke zwischen dem Ersten und dem Zweiten Jesaja

Verlag Katholisches Bibelwerk GmbH
Stuttgart

CIP-Kurztitelaufnahme der Deutschen Bibliothek

Steck, Odil Hannes:
Bereitete Heimkehr: Jesaja 35 als redaktionelle
Brücke zwischen d. 1. u. 2. Jesaja/
Odil Hannes Steck. –
Stuttgart: Verlag Katholisches Bibelwerk, 1985.
(Stuttgarter Bibelstudien; 121)
ISBN 3-460-04211-7

NE: GT

ISBN 3-460-04211-7

Gesamtherstellung: Wilhelm Röck GmbH, Weinsberg

Inhaltsverzeichnis

Vorwort 7

Hinführung 9

I. *Die Beziehung von Jes 35 zu den Nachbartexten im Jesajabuch* 13

1. Vorbemerkung zur Beziehung von Jes 35 zu Jes 40,1–11 13
2. Die Kontextbezüge von Jes 35,1–2 14
3. Die Verarbeitung der Kontextbezüge in Jes 35,1–2 16
4. Die Kontextbezüge von Jes 35,3–10 20
5. Die Verarbeitung der Kontextbezüge in Jes 35,3–10 29

II. *Jes 35 als Brücke zwischen den Nachbartexten im Jesajabuch* 39

1. Jes 35 als Redaktionstext 39
2. Die Probleme im Hintergrund von Jes 35 40
3. Die sachliche Lösung in Jes 35 und ihre Kennzeichen 41

III. *Zur Entstehung von Jes 35* 45

1. Die literarische Einheitlichkeit von Jes 35 45
2. Der redaktionsgeschichtliche Ort von Jes 35 im Jesajabuch 48

2.1 Das Verhältnis zu Jes 34 49
2.2 Das Verhältnis zu Jes 40ff 59
2.3 Spuren der Redaktionsschicht von Jes 35 im Ersten Jesaja 60
2.4 Spuren der Redaktionsschicht von Jes 35 im Zweiten Jesaja 65

IV. *Zur weiteren Charakterisierung des Ergebnisses* 81

1. Jes 35 – kein Text von Jesaja 81
2. Jes 35 – kein Einzeltext 82
3. Jes 35 – keine mündliche Prophetie 84

4. Jes 35 – ein Text mit Jesaja-Autorität 87
5. Jes 35 – ein Text mit eigenartigem Zeitverständnis 91
6. Jes 35 – ein Text ohne geschichtliche Rahmung 93
7. Jes 35 – ein Text in der Sinnbewegung des werdenden Jesajabuches 94
8. Jes 35 – ein Text in der christlichen Bibel 96

V. *Zusammenfassung* 101

Literaturverzeichnis 105

Stellenregister 109

Synopse: Der Text Jes 35 und seine Nachbartexte 114

Vorwort

Die vorliegende Studie beruht auf Untersuchungen für mein Seminar über Jesaja 33–35 im Sommer-Semester 1984. Sie wurde im Anschluß daran für den Druck ausgearbeitet; Literatur nach Herbst 1984 ist deshalb nicht mehr berücksichtigt. Aus Gründen der Raumersparnis wird die im Verzeichnis am Ende aufgeführte Literatur nur mit Verfassernamen und Seitenzahl, bei mehreren Werken desselben Verfassers mit einem zusätzlichen Titelstichwort zitiert. Hebräische Wörter sind nach dem Umschriftsystem der „Zeitschrift für die alttestamentliche Wissenschaft" und zur Vereinfachung des Drucks nur im Konsonantentext in den Text aufgenommen, aber mit deutscher Bedeutung gemäß der bewußt wörtlich gehaltenen Übersetzung in der Textsynopse versehen, die am Ende des Bandes zum Gebrauch während der Lektüre der Studie herausgefaltet werden kann.

Nach vielen Seiten habe ich zu danken. Der Erziehungsdirektion des Kantons Zürich für die Gewährung eines Forschungssemesters. Herrn Prof. Zenger für die freundliche Bereitwilligkeit, diese Untersuchung in die „Stuttgarter Bibelstudien" aufzunehmen. Meinen Assistenten, Herrn Reinhard Gregor Kratz und Herrn cand. theol. Erich Bosshard, für klärende Gespräche und Mithilfe bei den Korrekturgängen. Meiner Mitarbeiterin, Frau Ruth Funk-Kratzer, für die große Sorgfalt beim Schreiben des Manuskripts.

Odil Hannes Steck

Hinführung

Über die Herkunft von Jes 35 und die Stellung dieses Textes im Werden der Gesamtkomposition des Jesajabuches finden sich in der Forschung sehr unterschiedliche Auffassungen. Unter diesen hat sich die Meinung, Jes 35 sei ursprünglich ein Deuterojesaja-Text und habe vor seiner vorliegenden Stellung in Großjesaja seinen redaktionellen Ort jedenfalls im Zweiten Jesaja[1] gehabt, zu Recht nicht durchgesetzt.[2] Von literarkritisch geprägten Zwischenlösungen abgesehen,[3] auf die wir unten zurückkommen werden, beherrscht das Feld vielmehr die Auffassung, Jes 35 sei eine

---

[1] Da für die Bereiche Jes 40–55 und Jes 56–66 in ihrem vorliegenden Bestand und Ablauf mit einer vielschichtigen Wachstumsgeschichte zu rechnen ist, in der verschiedene Phasen des Zusammenwachsens und der Verbindung mit Protojesaja nicht ausgeschlossen werden dürfen, sind die Begriffe „Deuterojesaja" und „Tritojesaja" zur Bezeichnung literarisch-redaktioneller Größen nicht brauchbar. Wir verwenden deshalb im Unterschied zu dem Begriff „Erster Jesaja", weitgehend mit dem eingebürgerten Begriff „Protojesaja" identisch, statt dessen den vagen Begriff „Zweiter Jesaja". Er bezeichnet literarisch gegenüber Protojesaja noch unabhängige, selbständige Überlieferungsgrößen aus dem Bereich Jes 40–66, wobei angesichts der ungeklärten Forschungslage bewußt offengelassen wird, welches Ausmaß dieser „Zweite Jesaja" auf welcher Redaktionsebene jeweils hat. Nur dies ist vorausgesetzt, daß nicht nur innerhalb von Jes 40–55, sondern auch von Jes 40–66 mit Wachstumsvorgängen zu rechnen ist, die zunächst unabhängig vom Werden von Protojesaja verlaufen – auch dies eine freilich neuerdings nicht unbestrittene Annahme, vgl. z.B. *Rendtorff* 211. Doch darf Jes 56–66 nicht einfach als Block angesehen werden; die verschiedenen Wachstumsschichten dort müssen vielmehr je für sich auf ihre literarische Verbindung mit Jes 40ff und Jes 1ff hin geprüft werden. – Entsprechende Rücksichten wie beim Begriff „Zweiter Jesaja" sind im folgenden für den Begriff „Großjesaja" maßgeblich. Er bezeichnet im Unterschied zu dem für die vorliegende Endgestalt Jes 1–66 gebräuchlichen, aber nicht näher festgelegten Begriff „Jesajabuch" literarische Verbindungen zwischen Überlieferungsgrößen aus dem Bereich des Ersten und des Zweiten Jesaja, ohne sich auf ein bestimmtes Ausmaß und eine einzige Redaktionsebene festzulegen, da dieser Zusammenhang ja erst in mehrfachen Wachstumsstadien seine vorliegende Endgestalt erhalten haben kann.

[2] Vgl. gegenüber den Ansichten von *Graetz, Torrey, Olmstead, Scott, Pope* und *Smart* die Ausführungen von *Caspari* 67ff; *Elliger*, Verhältnis 272ff; *Lutz* 85f; *Vermeylen* 440; *Kiesow* 152ff; *Wildberger* III 1357ff, in denen freilich keine differenzierten redaktionsgeschichtlichen Fragestellungen zu Großjesaja einbezogen sind.

[3] Vgl. jüngst *Vermeylen* 446.516 im Blick auf 35,8–10; *Hubmann* 41 im Blick auf 35,*8a.*9a.9b–10; *Kiesow* 157 im Blick auf Jes 34; 35,3–6a; s. ferner *Ackroyd*, Isaiah 36–39, 8f.

Zufügung zu einem noch für sich bestehenden Protojesaja,[4] nicht selten verbunden mit der Ansicht, bei diesem Vorgang sei ein ursprünglich selbständiger Text, die Jes 34 und 35 umfassende, sogenannte „Kleine Apokalypse“[5] an den Ersten Jesaja angeschlossen worden. Daß die Entstehung von Jes 35 von vornherein mit der Verknüpfung von Erstem und Zweitem Jesaja zusammenhängt, ist kaum erwogen worden.[6] Die zahlreichen Formulierungs- und Sachbeziehungen von Jes 35 zu Texten aus dem Zweiten Jesaja[7] wurden vielmehr so erklärt, daß der relativ späte Text Jes 35 natürlich in Kenntnis (auch) von Texten aus Jes 40ff gebildet wurde; die redaktionsgeschichtliche Perspektive dieses Befundes aber blieb unerörtert.

Daß Jes 35 von Haus aus ein selbständiger Text bzw. mit Jes 34 zusammen Teil eines solchen war und erst sekundär in das Jesajabuch eingestellt wurde, kann man jedoch bezweifeln. Einmal wegen der Position von Jes 35 in der Abfolge des Jesajabuches: Jes 35 ist der Logientext in Protojesaja, der den Logientexten Jes 40ff am nächsten steht; haben die zahlreichen Bezüge zu Aussagen in Jes 40ff nicht mit dieser Position zu tun? Zum anderen, weil unter diesen Bezügen die Beziehung von Jes 35 zu Jes 40,1–11, also zu dem nächstfolgenden Logientext im Jesajabuch, eine besondere Rolle spielt, wie unten näher zu entfalten ist. Und zum dritten, weil Jes 35 nicht nur Formulierungsrelationen zu dem folgenden Logienkomplex Jes 40ff aufweist, sondern über die Bezüge zu Jes 34[8] hinweg

---

[4] Vgl. z.B. *Cheyne* 207.212; *Marti* 242f; *Procksch* 427f; *Mowinckel* 284.290; *Elliger*, Verhältnis 278; *Eichrodt* 218; *Kaiser*, Jesaja 13–39, 279f; *Kellermann* 196.199f; *Barth* 291.298; *Clements* 275.277; *Wildberger* III 1573; *van der Kooij* 18 und die Ausführungen in den Einleitungen AT von *Eißfeldt* 408; *Weiser* 176; *Fohrer* 407; *Kaiser* 232.

[5] Vgl. zur Selbständigkeit ausdrücklich z.B. *Duhm* 14.21; *Weiser*, Einleitung 175.176; *Fohrer*, Einleitung 405; *Kaiser*, Jesaja 13–39, 280; vgl. auch *Kellermann* 198f; *Vermeylen* 439 und die dort zitierte Literatur. Auch *Wildberger* nimmt die ursprüngliche Selbständigkeit von Jes 34 und 35 an, bestreitet aber die ursprüngliche Zusammengehörigkeit beider Texte (III 1330ff.1356f.1573f), die von der Forschung auch da weithin angenommen wird, wo man nicht ausdrücklich mit einer Selbständigkeit von Jes 34f vor Aufnahme in das Jesajabuch rechnet.

[6] Vgl. aber die Überlegungen bei *Clements* 8.21.275.277 sowie bei *McKenzie* 6ff; *Auvray* 30. Daß Jes 35 den Komplex Jes 40ff glänzend vorbereitet, ist schon mehrfach aufgefallen; vgl. z.B. *Delitzsch* 366 und jüngst *R. E. Clements*, The Unity of the Book of Isaiah, Int 36 (1982) 117–129, dort besonders 121(Lit.).

[7] Vgl. die Auflistungen in den Kommentaren, bei *Vermeylen* 440ff; *Kiesow* 147–157 sowie – nur begrenzt überzeugend – bei *Cheyne* 209ff; *Pope* 236ff.

[8] Hingewiesen wurde vor allem auf die Wortbezüge 35,4/34,8; 35,6/34,9; 35,7/34,13, auch 35,8/34,10 sowie auf das dreifache „dort (*šm*)“ in 35,8–9/34,14b.15a (text.em.).15b.

auch mit Aussagen aus den unmittelbar vorhergehenden Kapiteln Jes 33 und 32 in Verbindung steht.[9] Bereits diese Befunde berechtigen zu der Frage, ob Jes 35 jemals literarisch unabhängig vom Jesajabuch bestand oder nicht eher von vornherein für diese Position im Jesajabuch geschrieben wurde – also als redaktionelle Brücke zwischen dem Ersten und dem Zweiten Jesaja.

Im Ablauf unserer Studie wird der Leser zunächst zu detaillierten Textbeobachtungen an Jes 35 und dessen Nachbartexten geführt, die die Basis für das Weitere bilden (Teil I). Dann aber weitet sich die Sachperspektive zur Wahrnehmung der redaktionellen Brückenfunktion von Jes 35 (Teil II), zur Ortsbestimmung dieses Textes im Werden des Jesajabuches (Teil III) und schließlich zu weiter ausgreifenden, historischen und theologischen Charakterisierungen unseres Ergebnisses (Teil IV).

[9] Hingewiesen wurde vor allem auf die Wortbezüge 35,1f/33,9; 32,15, auch 29,17; 35,4/32,4; 35,5–6/33,23.24; 32,3f, auch 29,18 sowie auf „dann (’z)“ in 35,5–6a und 33,23bβγ.

I. Die Beziehung von Jes 35 zu den Nachbartexten im Jesajabuch

1. *Vorbemerkung zur Beziehung von Jes 35 zu Jes 40,1–11*

Um eine Klärung hinsichtlich des redaktionellen Charakters von Jes 35 zu erreichen, sind die Textbezüge vor allem aus dem engeren Kontext des Jesajabuches und die Eigenart ihrer Aufnahme in den einzelnen Abschnitten dieses Kapitels näher zu erörtern. Mit der bloßen Auflistung verwendeter Bezugstexte, wie sie bislang üblich war, ist es dabei allerdings nicht getan. Diese Bezüge wollen vielmehr gesichtet, gewichtet und auf ihre mögliche redaktionelle Relevanz hin befragt werden.

Zuvor jedoch einige generelle Bemerkungen zur Beziehung Jes 35/Jes 40. Nicht alle Indizien dieser Beziehung sind für sich gesehen gleichgewichtig. Der Ausdruck „die Herrlichkeit Jahwes sehen" (*r'h*) in 35,2b/40,5 etwa ist auch sonst belegt, zumal in Tritojesaja,[1] besagt also isoliert betrachtet nichts für eine Beziehung speziell zu Jes 40. Dasselbe gilt für die Parallelität von „Wüste (*mdbr*)" und „Steppe (*ᶜrbh*)" in 35,1 (vgl. V.6b)/40,3, die sich z.B. in Jes 40ff auch 41,19; 51,3 findet, oder das Nebeneinander von „Straße (*mslh* bzw. *mslwl*)" und „Weg (*drk*)" in 35,8/40,3, das z.B. in Jes 40ff auch 49,11; 59,7f; 62,10 begegnet. Daß es sich in diesen Fällen gleichwohl um Anzeichen für Beziehungen zwischen Jes 35 und Jes 40 handelt, ergibt sich aus vier Gründen. 1) In ein und demselben Text verbunden treten die eben genannten Indizien nur in Jes 35 und Jes 40,1–11 auf. 2) Jes 35 bietet auch Formulierungen, die eindeutig nur auf Jes 40 verweisen: so die Wendung „sprechen zu . . . siehe da, euer Gott (*'mr l hnh 'lhjkm*)" 35,4/40,9; auch „siehe da, euer Gott (*hnh 'lhjkm*)" begegnet nur an diesen beiden Stellen.[2] 3) Nehmen 35,1f auf 40,3ff und 35,3ff auf 40,9ff Bezug, dann spiegelt sich in Jes 35 auch die Abfolge des Textes 40,1–11 bis hin zur Anlage in Aufforderungen an Nicht-Menschen (35,1f/40,3–5), gefolgt von Aufforderungen an Menschen (35,3f(f)/40,9–11). 4) Schließlich bietet die bereits genannte Position von Jes 35 im Jesajabuch ein konvergierendes Argument: In Jes 35/40 stehen sich der letzte Logientext im Ersten Jesaja und der erste Logientext im Zweiten Jesaja gegenüber. – Angesichts dieses sicheren Befundes können dann

---

[1] Vgl. Jes 59,19 vl; 62,2; 66,18f, vgl. 60,2.

[2] Die anders formulierten Aussagen Jes 25,9; 62,11 sind kein Gegenargument.

aber auch weitere Übereinstimmungen im Vokabular – vor allem zwischen 35,4 und 40,9f – sowie offensichtliche Sachbezüge im Sinne einer Beziehung zwischen beiden Texten ausgewertet werden. Daß innerhalb dieser Beziehung wie weithin auch in den Beziehungen zu Jes 40ff überhaupt der Text Jes 35 der nehmende Teil ist, ist nicht zweifelhaft.[3] Im Falle von Jes 40 zeigt es ein Vergleich zwischen beiden Texten hinsichtlich der Anlage, zeigt es der erwähnte Sachverhalt, daß Jes 35 auch Bezüge zu Jes 32–34 aufweist, die in 40,1ff völlig fehlen, und nicht zuletzt der Tatbestand, daß sich Sachgründe für die Veränderung von Jes 40 in Jes 35 finden lassen, wie wir sehen werden.[4]
Doch nun zu den Kontextbezügen und der Eigenart ihrer Aufnahme in den einzelnen Abschnitten von Jes 35.[5]

2. *Die Kontextbezüge von Jes 35,1–2*

Gemäß Texthinweisen stellen V. 1–2 einen ersten Abschnitt in Jes 35 dar: V. 1–2aα setzt mit Aufforderungen ein, V. 3–4aα setzt erneut mit Aufforderungen ein, die Aufgeforderten sind jedoch verschieden – dort Wüstengebiete, hier Menschen. Kunstvoll gestaltet ist die interne Anlage von V. 1–2. Gemäß den Verbformen ergibt sich eine Zweiteilung: jussivische Aussagen (V. 1–2aα) werden gefolgt von zusagenden im pf. bzw.

---

[3] So – von der Spezialfrage des Verhältnisses von 35,*9b–10 und 51,10f abgesehen – die einhellige Meinung der Forschung. Gleichwohl darf angesichts differenzierter Perspektiven zur Wachstumsgeschichte des Zweiten Jesaja nicht einfach angenommen werden, daß Jes 35 bereits den Komplex Jes 40–66 im ganzen und einzelnen voraussetzt; es ist in großjesajanischen Wachstumsstadien nicht auszuschließen, daß die Jes 35 greifbare Schicht auch in den Bereich des Zweiten Jesaja hineinwirkt.

[4] Daß Jes 35 nicht nur von Jes 40,1–11 als einer Einzelüberlieferung, falls es eine solche je gegeben haben sollte, abhängig ist, zeigen die Bezugnahmen von Jes 35 auch auf weitere Texte im Zweiten Jesaja. Da, wie wir zu zeigen suchen, der Text Jes 35 auf Jes 40,1–11 im ganzen Bezug nimmt, ist seine Abfassung nach der Entstehung des Gesamttextes von Jes 40,1–11 als Eingang des Zweiten Jesaja anzusetzen; bei dieser Entstehung von 40,1ff sind möglicherweise verschiedene Wachstumsstadien zu unterscheiden, vgl. zur Diskussion *Vincent* 197ff; *Schmitt* 59; *Kiesow* 23ff.158ff; *Merendino* 13ff; *Kaiser*, Einleitung 273ff.

[5] Daß Jes 35 gegenüber seinem Kontext eigenständig ist, ist im Blick auf Jes 36,1ff ebenso evident wie hinsichtlich Jes 40: 40,1 kann nicht die ursprüngliche Fortsetzung von 35,10 sein. Aber auch gegenüber 34,1–15 und der rätselhaften Aussage 34,16f ist Jes 35,1 mit der Aufforderung an Wüstengebiete auf jeden Fall ein Neueinsatz.

impf. (V. 2aβ.b). Damit kreuzt sich eine Zweiteilung anderer Art. In den vier Zeilen von V. 1–2,[6] die in der Übersetzung unserer Textsynopse als Doppelzeilen erscheinen, ist die Aufforderung der ersten mit mehreren Wüstenbegriffen verbunden; dem entspricht als Zusage die pluralisch formulierte vierte Zeile, in der schon aus Gründen der Textanlage das „sie (*hmh*)" nur als Aufnahme der in V. 1 genannten Wüstenbegriffe verstanden werden kann.[7] In den beiden mittleren Zeilen hingegen sind Aufforderung und Zusage allein auf die „Steppe (*ᶜrbh*)" bezogen. Die vier Zeilen folgen also der Struktur a/b/b/a, eine Struktur, die auch für die „Steppe (*ᶜrbh*)"-Aufforderung im Kleinen gilt (V. 1b–2aα¹: „jauchzen (*gjl*)/sprießen (*prḥ*)"). Bezeichnend für die Anlage von V. 1–2 ist schließlich die (entfaltende) Wiederaufnahme von Begriffen, vgl. V. 1 „und jauchzen (*wtgl*)" entfaltet V. 2 in „jauchzen in Jauchzen und Jubel (*wtgl 'p gjlh wrnn*)", „und sprießen (*wtprḥ*)" in V. 1 entfaltet V. 2 in „wie Lilien soll sie wahrlich sprießen (*kḥbṣlt prḥ tprḥ*)", „Herrlichkeit (*kbwd*)" und „Pracht (*hdr*)" in V. 2aβγ aufgenommen in V. 2b. Besonders auffallend an dieser Anlage ist die Aufteilung von pluralischen Wüstenaussagen und singularischen „Steppe (*ᶜrbh*)"-Aussagen. Sie hat ihr Gegenstück bezeichnenderweise in dem Bezugstext Jes 40,3–5, in dem sich bei der Gestaltung von Jes 35 die Mittelaussagen 40,4 als „Steppe (*ᶜrbh*)"-Aussagen in Fortführung von 40,3b auffassen lassen (V. 4a als Aufforderung, vgl. 35,1–2 zweite Zeile; V. 4b als Zusage, vgl. 35,1–2 dritte Zeile), während sich der Subjektwechsel in der Zusage 40,5 in 35,2b spiegelt. Demnach entsprechen sich: 35,1–2 erste Zeile und 40,3aβ.b, angezeigt auch durch die Wortbezüge „Wüste (*mdbr*)" und „Steppe (*ᶜrbh*)", 35,1–2 zweite Zeile und 40,4a, 35,1–2 dritte Zeile und 40,4b, und schließlich 35,1–2 vierte Zeile und 40,5, wieder angezeigt durch die Wortbezüge „sehen (*r'h*)" und „Herrlichkeit Jahwes (*kbwd-jhwh*)".

Schon aufgrund der Wortbezüge in den Rahmen-Zeilen und vollends angesichts der weiteren Gestaltungsbezüge ist deutlich, daß der die Bildung von 35,1–2 dominierende Bezugstext Jes 40,3–5 ist.

In Einzelformulierungen von 35,1–2 liegen aber darüber hinaus auch noch

[6] Mit BHK, BHS und Kommentaren ist „wie Lilien (*kḥbṣlt*)" V. 1fin als Anfang der zweiten Zeile anzusehen; statt *gjlt* lies *gjlh* inf.abs. („jauchzen") wie das folgende *rnn* („jubeln"), vgl. Kommentare.

[7] Die beliebte Deutung auf die ab 35,3 genannten Israeliten (so jüngst *Kaiser*, Jes. 13–39, 288 unter Nichtbeachtung der singularischen und pluralischen Aussagen in der Anlage von 35,1–2; *Kiesow* 142ff; *Wildberger* III 1356.1360f) ist ohne jeden Anhalt am Text; vgl. vielmehr z. B. *Dillmann* 307 und jüngst *Hubmann* 33 Anm. 14.

Beziehungen zu anderen Aussagen im Jesajabuch vor, von denen wenigstens die evidenten und kontextnahen hier genannt seien. Präsent sind bei der Gestaltung zunächst Aussagen über die verwandelte Heimkehrwüste aus Jes 40ff, und zwar für die erste Zeile vor allem Jes 42,11 vl,[8] aber angesichts von „und Trockenland (*wṣjh*)" auch die Stelle 41,18f, die dann in 35,7a breiter zum Tragen kommt, und im Blick auf die Jubelaussagen bezüglich einer baumbestandenen „Steppe (*ʿrbh*)" wird auch 55,12b–13a eine Rolle gespielt haben.[9] Die Aussage der dritten Zeile von 35,1–2 hängt offensichtlich mit den in 41,19 (55,12f) vorgefundenen Baumaussagen zusammen, allerdings formuliert als Vergabe der Qualität von Libanon, Karmel und Saron an die „Steppe (*ʿrbh*)", worin sich eine Bezugnahme auf 33,9 (Saron!) und 32,15[10] sowie hinsichtlich des seltenen Ausdrucks „Herrlichkeit des Libanon" auf 60,13 erkennen läßt.[11]

3. Die Verarbeitung der Kontextbezüge in Jes 35,1–2

Welche Eigenart kennzeichnet die Aufnahme der Textbezüge in der Gestaltung von 35,1–2? Versteht man die bewußte Gestaltung von 35,1–2

---

[8] Vgl. den nur an diesen beiden Stellen belegten, gleichlautenden Beginn „Freuen sollen sich Wüste (*jśśw mdbr*)" und zur Textkritik von 42,11 *Elliger*, BK XI/1, 241f; das Schluß-Mem der Verbform 35,1 ist entweder Dittographie oder assimiliertes Nun paragogicum. Redaktionsgeschichtlich ist in diesem Zusammenhang Jes 21,16f zu beachten.

[9] Der Bezug ist naheliegend, weil Jes 35 in 40,3f eine „Steppe (*ʿrbh*)" mit Berg und Hügel vorgefunden und zu einer Aussage über den Jubel (*rnn:* in 35,1–2 2. Zeile betonte Zielaussage in Schlußstellung und über den chiastischen Parallelismus überschießend) aufgenommen hat: 55,12bα redet aber vom Jubel der Berge und Hügel bei der Heimkehr und wie 35,1–2 3. Zeile danach in 55,12bβ.13a von den Bäumen.

[10] Jes 35,1–2 weist also der „Steppe (*ʿrbh*)" zu, was dem Heimatland in 33,9 fehlt und in 32,15 („Wüste (*mdbr*)" als Ausdruck für verwüstetes Kulturland nimmt 32,13f auf) verheißen ist. Unsicher ist hingegen trotz der Entsprechungen 35,1–2 3. Zeile und 29,17 (vgl. 32,15!), 35,5–6a und 29,18, ob Jes 35 auch auf 29,17ff Bezug nimmt; im Unterschied zu Jes 35 nennt Jes 29 die Verzögerungsproblematik ausdrücklich (29,17) und hat nicht wie Jes 35,5f einfach Gebrechliche im Blick (29,18f); wahrscheinlich ist Jes 29,17–24 von Jes 35 abhängig, vgl. *Fohrer* II,85.

[11] Die genannten literarischen Bezugstellen von Jes 35 stützen sich auf eine Verbindung in Formulierung und Sachkonnex. Da neben den literarischen Bezugnahmen für Jes 35 auch mit einer lebendigen, prophetischen Sprachtradition gerechnet werden muß, bleiben andere, in der Forschung genannte Parallelstellen zu Jes 35 aus dem Jesajabuch zweifelhaft, so für Jes 35,1–2 etwa 51,3; 65,18; 66,14; vgl. dazu die methodische Bemerkung I Anm. 3.

im Blick auf 40,3–5 unter Verwendung weiterer Aussagen über die Wüstenverwandlung im Jesajabuch sachlich, dann zeigt sich, daß 35,1–2 eine veränderte Heilsperspektive für Jes 40ff erstellen will, die offenbar mit Absicht vorgeschaltet wird, um das Verständnis bei der Lektüre von Jes 40ff vorzuprägen. Anzusiedeln ist dieses Bemühen, wie der Umgang mit den Texten zeigt, im Rahmen einer schriftgelehrten Lese- und Interpretations-Kultur, die sich im Raum genauer Kenntnis von Abfolge und Formulierungen der schriftlichen und bereits festliegenden Aufzeichnung des Ersten und Zweiten Jesaja im damals gegebenen Umfang bewegt.[12]
Dieses geistige Oszillieren zwischen den Kontexten wird sogleich anschaulich, wenn man nach den Gründen für die Veränderungen fragt, die Jes 35,1–2 gegenüber seinem Bezugstext Jes 40,3–5 vornimmt.
Eine Reihe von Punkten ist zu nennen. Zunächst der Einsatz der Bezugnahme bei 40,3 statt bei 40,1, obwohl Jes 35, wie schon die Spur in 35,4 zeigen wird, auch 40,1–2 durchaus vorgegeben war. Nun – 40,1–2 wird bei einer Aufnahme von Jes 40 in Jes 35 schon deshalb übergangen, weil auf Grund der Aussagen des vorhergehenden Kontextes mit einem Schuldstatus des Gottesvolkes bei der Heilswende nicht mehr gerechnet wird (33,2f.5.24 [Erwartung der Vernichtung frevelnder Israeliten 33,14f]; vgl. auch 35,8–10).
Betrachtliche Veranderungen werden beim Vergleich zwischen 40,3–5 und 35,1–2 selbst erkennbar. Gleichgeblieben ist die Thematik: Wandlungen der Wüste im Blick auf die eschatologische Heimkehr. Aber deren 40,3–5 dominierender Aspekt – die Gottesstraße durch die verwandelte Wüste für die Heimkehr Jahwes nach Zion vor den Augen der Welt – ist ersetzt durch den aus dem Zweiten Jesaja aufgegriffenen Aspekt der zu Blumenpracht und Baumbestand verwandelten Wüstengebiete, woran diese – so das kontextnächste Verständnis von V. 2b – Herrlichkeit und Pracht Jahwes wahrnehmen. Diese Veränderung der besonderen Akzente von 40,3–5 in 35,1–2 wird sogleich erklärlich, wenn man den Jes 35 vorangehenden Kontext beachtet: Die Errichtung der Heimkehrstraße gerade für Jahwe nach Zion muß wegfallen, da Jahwe für Jes 35 gemäß dem unmittelbar Voranstehenden bereits wieder in/über Zion thront (33,5.20.22); entsprechend faßt auch 35,8–10 im Unterschied zu 40,9–11 (49,10; 52,12) einen Heimzug Jahwes selbst mit den Heimkehrern nicht mehr ins Auge. An die Stelle der Aufrufe zum Straßenbau (40,3aβ.b) tritt in Jes 35,1–2 Zeile 1 der Aufruf an die Wüstengebiete selbst – zu Freude

[12] Vgl. bereits die analogen Beobachtungen im Rahmen der Hosea-Überlieferung, die *Jeremias* dargelegt hat: Textgemäß 57; Hosea 19.72.99f.104.

und Jubel, wie es andere Bezugstellen aus dem Zweiten Jesaja vorgeben. Auf Grund des Kontextes fällt aber aus Jes 40,4a.b auch der Aspekt der Einebnung des Wüstengeländes weg: Jes 35 berücksichtigt hier die Aussage 34,3b–4a,[13] das Zerfließen der Berge und Zergehen aller Hügel im Zuge der 34,2–4 angekündigten Endvernichtung der Völkerwelt;[14] im Heimzugsgelände, das 35,1–2 in Blick nimmt, existieren dann Berg und Hügel nicht mehr. An die Stelle der Aufforderungen und Zusagen bezüglich der Geländeveränderungen der Wüste (40,4a.b) tritt in Jes 35,1–2 Zeile 2 und 3 die Terrainveränderung der Wüste durch Vegetation – thematisch wieder Vorgaben aus dem Zweiten Jesaja entnommen. Mit derselben Kontextvorgabe 34,2–4 hängt aber schließlich auch die besonders auffallende Veränderung zusammen, daß in 35,2b nicht mehr wie in 40,5 „alles Fleisch", die ganze Menschheit, die Herrlichkeit Jahwes sehen wird, sondern die verwandelten Wüstengebiete. Der Grund ist einfach: Diese – außerisraelitische – Menschheit existiert nach dem Geschehen von 34,2–4 nicht mehr! Da der Vorgang, den Jes 35,1–2 weissagt, nach dem Eintritt von 34,2–4 liegt, kommt die Menschheit als Augenzeuge der Herrlichkeit Jahwes nicht mehr in Betracht. Wahrscheinlich wurde für diese Veränderung von 40,5 zu 35,2b auch 40,6–8 exegetisch bedacht: Aus der Gleichsetzung von „alles Fleisch (*kl-hbśr*)" mit „Gras (*ḥṣjr*)" in 40,6 ließ sich der Hinweis entnehmen, das Schauen der Herrlichkeit Jahwes in 35,2 den Wüstengebieten in ihrer eschatologischen Vegetation zuzuweisen![15]

Ist kontextbedingt, daß Jes 35,1–2 verändernd auf 40,1–8 Bezug nehmen muß, so ist derselbe Grund aber auch für die in 35,1–2 tatsächlich gemachten Aussagen wesentlich. Der Kontext ist es, der nicht nur dazu führt, Jes 40,1–2 zu übergehen, sondern auch dazu, Jes 35 unter Bezug auf 40,3–5(8) mit dem Thema der Verwandlung des Wüstengeländes zu

[13] Daß weltweit die Berge vom Blut der Völkerwelt zerfließen, bot die Aussage 34,3b–4a auf jeden Fall; die Parallelaussage vom Zergehen aller ‚Hügel' in V. 4a beruht auf Konjektur, die aber alles für sich hat, vgl. zur Diskussion neuerdings eingehend *Kellermann* 178f; *Wildberger* III 1326; zur Q^{a}-Variante vgl. *van der Kooij* 98. – Anders *Muilenburg* 345f.

[14] Die Doppelung von Völkergericht (34,2–4) und Edomgericht (34,5–15) stellt eine Spannung dar, die der Auslegung seit je Schwierigkeiten bereitet, vgl. die eingehende Erörterung bei *Kellermann* 178–203. Es ist aber wider den Wortlaut des Textes, wenn zum Ausgleich das Menschheitsgericht zugunsten des Edomgerichts heruntergespielt wird, wie es wieder bei *Wildberger* (III 1331) geschieht. Wir werden unten auf das Problem zurückkommen (s. III 2.1).

[15] Zur Verarbeitung der Texte aus dem Zweiten Jesaja in 35,1–2a vgl. auch *Kiesow* 153.

beginnen. Der unmittelbar voranstehende Text Jes 34 fordert angesichts von 40,3–5 und einschlägigen Parallelaussagen im Zweiten Jesaja dazu heraus. Jes 35 handelt ja mitnichten lediglich von den Wüsten innerhalb des Heimkehrlandes selbst,[16] sondern von der eschatologischen Verwandlung von Gebieten, durch die der Heimzug nach Zion verläuft (35,8–10), und das heißt von eben dem Terrain, dessen schauerliche Verödung im Endgericht Jes 34 ankündigt, wie die Bezugnahmen in Jes 35 auf Jes 34 zweifelsfrei zeigen – man vergleiche die Veränderung des Zustands in 34,13 durch 35,7, ferner die stilistische Anknüpfung in den „dort (*šm*)"-Aussagen von 35,8–10 an die „dort (*šm*)"-Aussagen am Ende von Jes 34 (V. 14b.15a.b), und nicht zuletzt, daß die Aussagen 35,6b–7 von demselben Wüstenterrain wie V. 1–2 reden (Bezugnahme auf „Wüste (*mdbr*)" und „Steppe (*ᶜrbh*)" in V. 1), ihrerseits aber durch die auf sie bezogene „dort (*šm*)"-Aussage V. 8 (und damit zusammenhängend V. 9–10) eindeutig als Heimkehrterrain festgelegt sind! Jes 35 verheißt nicht eine anderwärts gelegene Kontrastlandschaft zu dem ewigen Gerichtsterrain von Jes 34,[17] sondern im Dienste der Heimkehr Israels eine Veränderung eben dieses Gerichtsterrains im Sinne von 35,1–2.6bff, mag bei diesem Terrain an nicht weniger als die Erde überhaupt (34,2–4) als Wohnstätte der Völkerwelt unter Einschluß Edoms oder spezieller insbesondere an Edom gedacht sein.[18] Wie anders sollte Israel im Sinne der Aussagen von Jes 40ff heimkehren, wenn der Jes 34 geweissagte Zustand nach seinem Eintreten unverändert so bliebe? Die Brücke bilden die Weissagungen von der Veränderung des Heimzuggeländes in Jes 35, die den Terrainzustand von Jes 34 – im Gegensatz zu der Auffassung von 34,10.17 – zeitlich begrenzen. Von unten auszuführenden Bezugnahmen von Jes 35 auf die Abfolge der Aussagen von Jes 34 legt sich für 35,1–2 ein intendierter Sachbezug speziell zu 34,7b nahe.

---

[16] Gegen die häufig vertretene Ansicht, Jes 35 handle von der paradiesischen Verwandlung des Landes Israels im Gegensatz zur ewigen Verwüstung Edoms, was vielfach auch das Argument für die sachliche Einheit der „Kleinen Jesaja-Apokalypse" Jes 34f abgeben soll (vgl. z.B. die Kommentare von *Marti, Duhm* (schwankend), *Procksch, Fohrer, Eichrodt, Auvray, Clements* sowie *Kellermann* 199).

[17] Auch die Ansicht, Jes 35 stelle ein anderwärts gelegenes Heimzugsterrain Edom entgegen (so z.B. die Kommentare von *Delitzsch, Dillmann, Kaiser*) trifft nicht zu, weil Jes 35 ausdrücklich auf die Terrainaussagen von Jes 34 über Edom Bezug nimmt und gemäß Jes 34,2–4 ein Endgericht von weltweiter Dimension erwartet.

[18] Eine eingehendere Erörterung der Frage, welches Terrain Jes 35 im Blick auf die Verwandlungsaussagen im Auge hat, wird unten nach dem Durchgang durch den Gesamttext von Jes 35 erfolgen (s. II Anm. 6).

Blicken wir zurück. Jes 35,1–2 ist offenbar ein Text, der seine Entstehung allein dem Hinblick auf seine vorgegebenen Kontexte verdankt. In der Abfolge der Aussagen, in der stilistischen Gestaltung, aber auch in wichtigen Formulierungen ist er vor allem an Jes 40,3–5(8) orientiert. Aber auch im Sachgehalt der Aussagen erweist sich Jes 35,1–2 als ein Text, der nicht frei und für sich steht: Was er formuliert, ist hervorgerufen durch Divergenzen, die beim Aufeinandertreffen der vorgegebenen – textlich nicht mehr veränderbaren und sachlich als maßgeblich angesehenen – Kontexte Jes 32–34 und Jes 40 entstehen; was er leisten soll, ist deren theologische Überbrückung. Mit anderen Worten: Der Text Jes 35,1–2 hat seine Aussagefunktion für den und nur für den, der zuvor Jes 32–34 gelesen hat und anschließend Jes 40(ff) lesen wird. Ihm wird mit diesem Text die Perspektive geboten, Widerständiges aus den Kontexten gleichwohl sachlich zu verbinden.
Wenden wir uns nun der Frage nach den Kontextbezügen und der Eigenart ihrer Aufnahme in 35,3–10 zu.

4. Die Kontextbezüge von Jes 35,3–10

Wie läßt sich dieser Textteil gliedern? Handelt es sich im Vergleich zu V. 1–2 um nur einen weiteren oder um mehrere Abschnitte? Von der sprachlichen Gestaltung her gesehen entsprechen der Anlage von 35,1–2 zunächst die Aussagen 35,3–4. Wieder, wie oben bereits festgestellt, der Einsatz mit Aufforderungen, hier nun in sich gestaffelt als Aufforderung an eine Menschengruppe, sich mit stärkender Rede an eine weitere Menschengruppe zu wenden (V. 3–4aα), wobei der mitgeteilte Inhalt dieser Rede abermals mit Aufforderungen beginnt (V. 4aβ), die dann von Zusagen gefolgt werden (V. 4b) – freilich von eher allgemeiner, unausgeführter Art. Was in V. 5–10 folgt, weist diese Gestaltung, in der sich V. 1f und V. 3f entsprechen, nicht mehr auf, sondern hat rein zusagenden Charakter, ohne daß ein abermaliger Wechsel in der Anrede greifbar würde. Man wird deshalb V. 5–10 dem mit V. 3 einsetzenden Abschnitt zurechnen müssen; den allgemeineren Zusagen V. 4b folgen in V. 5–10 in thematischer Ergänzung konkretere. Wieviele? Zu achten ist auf die artikulierten Anknüpfungen. In V. 5 findet sich mit „dann (’z)“ eine zeitliche Anknüpfung an V. 4b und ebenso in V. 6a – mit dem Eintritt der V. 4b angekündigten Gerichts- und Heilswende werden auch die V. 5 und 6a geweissagten Geschehnisse eintreten. Damit ist dieser Aussagezusammenhang aber noch nicht zu Ende; „weil/wenn (*kj*)“ zu Beginn von V. 6b führt weiter allenfalls mit einem Kausalsatz zu „jubeln (*rnn*)“ in V. 6aβ[19] oder zu V. 5–6a im ganzen, was allerdings vom Sinn her schwerlich naheliegt, oder sehr viel wahrscheinlicher mit einem Temporalsatz nach „dann (ʾz)“,[20] dessen Perfekt in V. 6b[21] weitergeführt wird durch „und wird (*whjh*)“ in V. 7a, das seinerseits in V. 7b nachwirkt. Als Übersetzung für diesen temporalen Nachsatz V. 6b–7 zu V. 5–6a ergibt sich: „(V. 5) Dann werden . . ., (V. 6a) dann wird . . ., (V. 6b) wenn aufbrechen in der Wüste Wasser und in der Steppe Bäche, (V. 7a) und (wenn)

---

[19] Da der Gedankenzusammenhang von V. 5–6a und V. 6b–7 in der Tat schwierig ist, behilft man sich meist damit, *kj* („denn“?, „fürwahr“?) zu Beginn von V. 6b eine unmittelbare logische Verknüpfungsfunktion abzusprechen; es wird dann kausal gefaßt unter Bezug auf einen nicht ausgesprochenen Zwischengedanken (denn jetzt erfüllt sich, denn es kommt Heil; vgl. etwa *Marti, Duhm* zSt.) oder einfach deiktisch (vgl. etwa *Procksch, Fohrer, Kaiser* zSt.). Beides sind Notlösungen, die nicht befriedigen. Näher läge dann schon, die Konstruktion von „jubeln (*rnn*)“ mit nachfolgendem *kj* anzunehmen (vgl. z. B. Jes 12,6; 44,23; 49,13; 54,1) und die so eingeführte Aussage mit dem unmittelbar zuvor genannten Jubel des Stummen zu verbinden.

[20] Die vom Text selbst gewiesenen Gliederungshinweise in V. 5–10 sind im zweimaligen „dann (ʾz)“ und dreimaligen „dort (*šm*)“ gegeben; entsprechend wird man V. 6b–7 mit V. 5–6a zusammennehmen und den Sinn von *kj* in V. 6b aus einer Zuordnung zu ʾz bestimmen müssen. Auffallend ist dafür die Beziehung von 35,5–7 zu dem Text Ps 96,12f (1 Chr 16,33) mit seiner im Sinne eschatologischer Weltgerichtserwartung verstandenen Formulierung „dann (ʾz)“ – „wenn (*kj*)“ zusammen mit den beiden engeren Kontextformulierungen, auf die 35,5–7, wie wir sehen werden, Bezug nimmt: Jes 40,10b und Jes 33,23bβγ („dann (ʾz!) ‚teilt‘ ein ‚Blinder‘ Beute die Menge, und Lahme plündern Plündergut“) – im Kontextablauf vor dem Bezugstext für 35,6b–7, nämlich 34,9ff, geboten. Diese Texte spielen offenbar für die neue Formulierung 35,5–7 die prägende Rolle. Die beiden „dann“-Sätze in V. 5.6a orientieren sich an Ps 96,12(a.)b und Jes 33,23 und parallelisieren den Jubel der Vegetation (in Jes 35 V. 1–2 dargeboten!) mit der Gesundung der Gebrechlichen (vgl. „jubeln (*rnn*)“ in 35,2.6!) und greifen „dann“ aus Jes 33,23 und Ps 96,12b auf. Die Konstruktion 35,6b–7 orientiert sich in „wenn (*kj*)“ am *kj* von Ps 96,13 und verändert wie Jes 35 durchgängig das künftige Kommen Gottes selbst hier nun zu dem bereits 35,1–2 ausgesprochenen Hilfegeschehen der Verwandlung der Heimzugswüste – und zwar jetzt hinsichtlich der Wassergabe, die diese Verwandlung – Jes 34,9ff aufhebend – bewirkt. Daß ein Sachbezug zu einem eschatologisch verstandenen Weltgericht in Ps 96,13 für Jes 35 gegeben ist, liegt ohnehin auf der Hand. 35,5–7 ist also unter Verwendung von Ps 96,12f formuliert, um Beziehungen zwischen Jes 40,10 (vgl. auch Jes 40,10 „kommt“ mit Ps 96,13 „kommt“, Jes 40,10 „vor ihm (her)“ mit Ps 96,13 „vor Jahwe“) und Jes 33,23; 34,9ff auszuarbeiten. Entsprechend ist 35,5–7 nicht nur als ein eigener Abschnitt anzusehen, sondern auch seine tragende Konstruktion mit „dann – wenn“ das Nächstliegende.

[21] In V. 6b mit Q[a] „fließen (*jlkw*)“ einzusetzen, ist sprachlich nicht erforderlich, vgl. Ps 74,15.

glühendes Land zum Schilfteich wird und dürstendes Land zu Wasserquellen, (V. 7b) (und wenn sein wird) an der Stätte, da sich Schakale ‚lagern',[22] ein Gehöft für Rohr und Papyrus." Die erste thematische Ergänzung im Rahmen der Zusagen des zweiten Abschnitts umfaßt demnach V. 5–7, nicht nur durch „dann ('z)" zeitlich angebunden an V. 4b, sondern in dem Temporalsatz V. 6b–7 sachlich rückgebunden auch an V. 1–2, wie die wieder auftretenden Stichworte „Wüste (*mdbr*)" und „Steppe (*ʿrbh*)" (V. 6b) und die Thematik der eschatologischen Vegetationsverwandlung der Heimkehrwüste zeigen. Unmittelbar daran angeschlossen über lokale Anknüpfung an die im Temporalsatz V. 6b–7 genannten Wüstenvorgänge ist eine zweite thematische Ergänzung, stilistisch einheitlich gestaltet durch drei „dort (*šm*)"-Aussagen, die die einzelnen Aussageaspekte jeweils einleiten: V. 8*;[23] V. 9aα;[24] V. 9b[25]–10 –

[22] MT bietet in V. 7b schwierige textkritische Probleme, vgl. zur Diskussion jetzt *Wildberger* III 1354, dessen Lösung wir hier wie für das 34,13 entsprechende *ḥṣjr* im Sinne von „Gehöft, Hof (*ḥṣr*)" folgen.

[23] Bei den textkritischen Problemen in V. 8 folgen wir der üblichen Lösung: In V. 8aα ist das erste „und ein Weg (*wdrk*)" erläuternde Glosse zur Verdeutlichung des hap.leg. „Straße (*mslwl*)", die dann die Veränderung *lh* statt des ursprünglichen *lw* nach sich gezogen hat, vgl. das masc. Suffix in *jʿbrnw*; statt *lmw* ist *lʿmw* zu lesen, da *lmw* = *lhm* sachlich, *lmw* = *lw* sachlich und sprachlich fragwürdig ist (gegen die Übersetzung von *Hubmann* 35.39, wonach der *mslwl* „nur für den da (ist), der auf dem Weg geht"). Vgl. zur Textkritik von V. 8 Kommentare, jüngst *Wildberger* III 1354f.
Die zweite Zeile von V. 8 ist, wie der Parallelismus im Kontext zeigt, wie die erste Zeile von V. 9, zu lang; schon die Stellung, aber auch der Sinnzusammenhang – der erste „dort (*šm*)"-Satz V. 8 macht Aussagen über die Straße (ihre Existenz, ihre Qualität, ihre Nicht-Verunreinigung) – legt nahe, daß der Zusatz in den letzten drei Worten von V. 8 zu sehen ist („und Toren irren nicht (mehr) umher") – der einzige Satz in V. 8, der grammatisch nicht mit Bezug auf die Straße formuliert ist. Der Zusatz ist redaktionsgeschichtlich belangvoll: Man beachte, daß „Tor ('*wjl*)" im ganzen Jesajabuch nur noch 19,11 vorkommt und sich in diesem Kontext auch „umherirren (*tʿh*)" findet (V. 14); es soll also nachgetragen werden, daß zur Zeit der Vorgänge von 35,8 auch das 19,11–15 geweissagte Gericht über Zoan/Ägypten eingetroffen sein wird. Andererseits ist zu beachten, daß sich der Satz „Sie ist für sein ‚Volk' da, wenn es den Weg betritt (*whw' lʿmw hlk drk*)" nicht nur wegen des ausdrücklichen Bezugs auf das Straßenthema von V. 8, sondern auch wegen seiner Entfaltung in V. 9b.10a unmittelbar in den Kontext einfügt und zusammen mit dem ersten Satz von V. 8 Zeile 2 sachlich als chiastischer Parallelismus aufgefaßt werden kann. Anders zu Unrecht *Hubmann* 32ff.

[24] In der überfüllten ersten Zeile von V. 9 ist wieder der letzte Satz, ohne „dort (*šm*)", wie vielfach vertreten, als Zusatz anzusehen; „nicht wird es gefunden (*l' tmṣ'*)" paßt schon im Genus nicht zu „Räuber (*prjṣ*)" und ist als Glosse

also die Straße, die dort sein wird, die Sicherheit vor wilden Tieren, die dort herrscht, und die Heimkehrer, die dort nach Zion zurückkehren. Somit ist V. 3–10 innerhalb von Jes 35 nach V. 1f als ein zweiter, Menschen auffordernder Abschnitt anzusehen, dessen zunächst eher allgemeine Zusagen betreffend die Heilswende durch zwei Aussagenfolgen V. 5–7 und V. 8–10 thematisch konkret fortgeführt werden. Die Abschlußaussage in 35,10b bildet schließlich durch „Freude (*śśwn*)“ eine Inklusion zum ersten Wort in Jes 35,1 und rahmt damit das Ganze.[26]
Daß dieser zweite Abschnitt von Jes 35 in der Bezugnahme auf Jes 40, und zwar auf den dort anschließenden Abschnitt 40,9ff, fortfahren will, ist angesichts der gegebenen Wortbezüge zwischen 40,9f und 35,4 ganz offenkundig. Auf die Wendung „sprechen zu .. siehe da, euer Gott (*'mr l hnh 'lhjkm*)“ (35,4/40,9) wurde eingangs schon hingewiesen; im Zuge dessen fallen des weiteren auf: „macht kräftig, seid kräftig (*ḥzqw*)“ (35,3.4) und „mit Kraft (*bḥzq*)“ (40,10), „fürchtet euch nicht (*'l-tjr'w*)“ (35,4) und „fürchte dich nicht (*'l-tjr'j*)“ (40,9); „kommt (*jbw'*)“ (35,4bαβ/40,10). Hinzu kommt, daß Jes 35,3f auch hinsichtlich der Staffelung der Aufforderungen Jes 40,9 übernimmt: Wie dort Zion zum Reden an die Städte Judas aufgefordert wird, so hier eine Menschengruppe im Blick auf eine andere. Die Kernaussage ist in beiden Texten identisch: „siehe da, euer Gott (*hnh 'lhjkm*)“. Ja, es scheint, als habe sich Jes 35 in seinen drei Zusage-Partien (V. 4b.5–7.8–10) von den drei Entfaltungsaussagen in 40,10a.10b.11 beeinflussen lassen, zumal sich über die formale Dreiheit hinaus schon einem ersten Vergleich auch thematische Bezugnahmen nahelegen – jedenfalls in 35,4b auf 40,10a und in 35,8–10 auf 40,11. Angesichts dieses Befundes an Beziehungen zwischen 35,3–10 und 40,9–11 und angesichts dessen, daß beide Texte auch in der Zielaussage, der Heimkehr nach Zion, übereinstimmen, ist 40,9–11 als der primäre Bezugstext für 35,3–10 anzusehen, darin Weiterführung der Primärbeziehung 35,1f/40,3–5(8). Allerdings nehmen die unmittelbar erkennbaren

---

anzusehen, die den vorangehenden Satz verstärken soll („nicht wird es (Tier fem.) gefunden [dort]“), der lautet: „und ein Räuber unter den Tieren steigt nicht auf ihn“ („Weg (*drk*)“).

[25] Die Anm. 24 besprochene Glosse hat „dort (*šm*)“ aus dem folgenden Text an sich gezogen, der ursprünglich lautet: „und es werden ‚dort‘ gehen (*whlkw šm*)“, s. die Parallelkonstruktion in V.8 Anfang; vgl. dazu *Procksch, Fohrer, Kaiser, Wildberger* zSt.; *Kiesow* 143 und insbesondere *Emerton* 488f.

[26] Nicht überzeugend sind sowohl die strophischen Gliederungen von Jes 35 z.B. bei *Marti, Procksch* und *Fohrer* als auch die inhaltlichen etwa bei *Kaiser* und *Wildberger* zSt.

Bezüge auf Jes 40 in 35,5–10 dann rapide ab; an Wortbezügen kann man die eingangs genannten zwischen 35,8 und 40,3 und allenfalls noch „Zion (*ṣjwn*)" in 35,10/40,9 erwähnen, auf weite Strecken aber sind die Formulierungen ähnlich wie schon in 35,1–2 nicht aus Jes 40 genommen.[27] Dies hängt wie bei 35,1–2 damit zusammen, daß auch 35,3–10 noch andere Texte des Jesajabuches im Blick hat, von denen wieder wenigstens die evidenten und kontextnahen zunächst genannt seien. Offenkundig ist, daß 35,3–10 unter Rückgriff auf Aussagen in Jes 32–34 formuliert ist. So spricht V. 4 von den „Herzenseiligen"; der Ausdruck ist nur noch Jes 32,4 belegt, bei seiner Aufnahme in 35,4 wird auch 40,2a von Einfluß sein. Angesichts der sicheren Bezüge zu Jes 34 in 35,7ff, von denen gleich zu handeln ist, ist „Rächung (*nqm*)" in 35,4 als Bezugnahme auf die Ankündigung des Rachetages in 34,8 zu werten. Die auffallende Konstellation der Rettungszusage am Ende von 35,4 mit anschließenden Zusagen, die mit „dann (ʾz)" eingeführt werden, ist durch die Konstellation 33,22fin.23bβγ veranlaßt,[28] und dies um so mehr, als durch 33,23bβγ in der von Jes 35 wahrscheinlich benutzten, ursprünglichen Textgestalt auch die Thematik nicht nur der Lahmen, sondern auch der Blinden für 35,5–6a vorgegeben war. In 35,6b kann man vermerken, daß „Bäche/Bachtäler (*nḥljm*)" auch in 34,9 auftreten. Ganz wesentlich und längst erkannt sind die Bezüge zwischen 35,7b und 34,13b in „Stätte der Schakale (*nwh tnjm*)" und dem auffallenden „‚Gehöft' (*ḥṣjr* = *ḥṣr*)"![29] Daß schließlich die Gestaltung von 35,8–10 in drei „dort (*šm*)"-Aussagen nicht unabhängig ist von den ebenfalls am Ende in Jes 34 auftretenden drei

[27] Die reinen Wortbezüge zwischen Jes 35,3ff und Jes 40 hat man in der Forschung schon mehrfach vermerkt, allerdings ohne Konsequenzen daraus zu ziehen; auf die falsche Spur führt aber *Kaisers* Meinung (Jes. 13–39, 288): „Mit V. 3 und V. 4 versucht sich unser Dichter in einer Nachschöpfung von 40,1f", die auch *Kiesow* 154 übernimmt.

[28] Auf die Beziehung von 35,5–6a zu 33,23 einschließlich des übereinstimmenden „dann (ʾz)" am Anfang der Sätze hat bereits *Vermeylen* 444 hingewiesen. Jes 33,20–24 bieten große Schwierigkeiten bezüglich der Aussagenfolge und deren Sinn, die wahrscheinlich eine literarkritische Lösung erfordern. Möglicherweise ist mit folgenden Wachstumsstadien zu rechnen: V. 20.21aα.22; Zufügung von V. 24 hinter V. 20 (beachte „in ihr (*bh*)" in V. 24!); Zufügung von V. 21aβb.23 und Umstellung von V. 24 hinter V. 23. Doch hat, wie die Bezüge zeigen, Jes 35 den Text Jes 33,20–24 in seinem jetzigen Umfang vor sich. Zur textkritisch ursprünglichen Gestalt von V. 23bβ: „dann teilt ‚ein Blinder' Beute die Menge (ʾz *ḥlleq* (oder impf.) *ʿiwwer šll mrbh*)" vgl. BHK, BHS sowie *Duhm, Procksch, Kaiser, Wildberger* zSt.; anders neuerdings besonders *Irwin* 160f.

[29] Vgl. zu den textkritischen Fragen bezüglich *ḥṣjr* in Jes 34,13/Jes 35,7 *Wildberger* III 1328.1354.

„dort (*šm*)"-Aussagen (34,14b.15a[30].15b), wurde schon gesagt.[31] Angesichts dessen, daß die Wendung „nicht wird sie begehen (*lʾ-jʿbrnw*)" nur in 35,8 und 33,21bβ auftritt, kann dann auch eine Bezugnahme zwischen diesen beiden Aussagen gesehen werden, mit der u. U. auch das Auftreten der Negation „nicht (*bl*)" in 35,9a (vgl. 33,23) zusammenhängt. Auch eine sachliche Absicht läßt sich für diesen Bezug annehmen, wie sich später zeigen wird. – Auffallend an dieser Aufstellung von Wortbezügen ist, daß Jes 35,3–10 nicht nur einzelne Worte und Wendungen aus Jes 40,9–11 und Jes 32–34 aufgreift und in der Gestaltung Übereinstimmungen herbeiführt, sondern dabei offenbar auch der Abfolge der Bezugstexte entlanggegangen wird – ein Befund, in den sich auch die Gegebenheiten, die wir bei 35,1–2 angetroffen haben, einfügen. Vgl.:

Jes 32–34	Jes 35	Jes 40
32,15 33,9	V. 1–2	40,3–5(6–8)
32,4 34,8 33,22	V. 3–4	40,9–10a
33,23 34,13	V. 5–7	
34,14f 33,21	V. 8–10	(40,3) (40,9)

Daß Jes 35 bei der Fassung des zweiten, anders adressierten Abschnitts wieder auf Jes 32 zurückgreift, ist nicht verwunderlich; erwähnenswert ist jedoch in 35,4f der Bezug in der Abfolge 34,8; 33,22 und im Zuge dessen 33,23 und dann erst wieder 34,13ff. Konkret: In Jes 33f ist zuerst von der Rettung (33,22) und dann von der Rache (34,8) die Rede; diese theologischen Spitzenbegriffe „helfen (*jšʿ*)" und „Rächung (*nqm*)" für die Wende sind in 35,4 aber in umgekehrter Reihenfolge aufgegriffen. Dahinter steht

[30] 34,15 ist statt *šmh* vielmehr *šm* zu lesen, vgl. BHK, BHS und *Marti, Procksch* zSt., *Kellermann* 192; zu *šmh* in Q[a] vgl. *Wildberger* III 1329.

[31] Zu dem bis heute ungeklärten Text 34,16f weist Jes 35 keine Wortbezüge auf. Er ist vielleicht Zusatz an Jes 34 (s. unten III Anm. 29), was aber nicht heißen muß, daß Jes 35 ihn noch nicht kannte; da er den Intentionen von Jes 35, das Gericht im Terrain von Jes 34 zeitlich zu begrenzen, zuwiderläuft, ist das Fehlen einer Bezugnahme nicht verwunderlich.

die Absicht, die Vorgänge bei der eschatologischen Wende in der Abfolge zu systematisieren: Zuerst erfolgt das Vernichtungsgericht, das Jes 34 weissagt, dann die Rettung, von der Jes 33,22 spricht und die Jes 35 mit seinen konkreten Zusagen weiter ausführt, die ihrerseits nirgends mehr die Gerichtsvorgänge von Jes 33 und vor allem Jes 34 entfalten, sondern voraussetzen, wie sich für das Verhältnis 35,1–2/34,2–4 und das Interesse, das Gerichtsgeschehen am Terrain in Jes 34 zeitlich zu begrenzen, bereits deutlich zeigte.

Trifft der Befund zu, daß bei den Wort-, Gestaltungs- und Stil-Bezügen von Jes 35 zu Jes 32–34 und Jes 40,1–11 auch die Aussagenabfolge der Bezugstexte eine Rolle spielt, dann muß die Frage gestellt werden, ob Jes 35,3–10 die betreffenden Aussagenabschnitte der beiden Bezugsbereiche nicht auch thematisch zusammendenken will, wie wir das bei 35,1–2 im Blick auf 40,3–5 und 34,2–4(ff) bereits gesehen haben. Für Jes 35 kämen dabei neben denen zu 40,1–11 folgende Beziehungen aus Jes 32–34 in Betracht:

Jes 32–34	Jes 35	Jes 40
33,2f.5.24	—	40,1–2
34,2–4.7b	V. 1–2	40,3–5
34,8	V. 3–4a	40,9abαβ
	V. 4b	40,9bγ–10a
(32,3f; 33,22ff) 34,9–14a	V. 5–7	40,10b
34,14b–15	V. 8–10	40,11

Der dominierende Bezugstext für 35,3–10 ist gewiß 40,9–11, wie auch dessen genaue Spiegelung in der Anlage von 35,3–10 zeigen wird, doch muß nicht minder dem thematischen Einfluß der Aussagenfolge 34,8–15 nachgegangen werden.[32] Schließlich gibt es Anzeichen, daß auf die Gestaltung von Jes 35,3–10 noch ein dritter Text eingewirkt hat, ein Text

[32] Die Entsprechungen zwischen Jes 34 und 35, die *Vermeylen* 439 aufstellt, sind nur teilweise zutreffend: Bei 35,1–2 sind die Sachbezüge zu 34,2–4.7 verborgen geblieben, vor allem aber wurde in der Zuordnung 34,11–15/35,7b die Entsprechung in den dreifachen „dort (*šm*)"-Aussagen außer Acht gelassen.

außerhalb der bereits formulierten Überlieferung des Jesajabuches: Jer 31,7–22.[33] Man vergleiche die auffallende Parallelität in Wort-, Sach- und Abfolgebezügen zwischen Jes 35,4 und Jer 31,7 („sprechen (*'mr*)“, „helfen (*jšc*)“), Jes 35,5f und Jer 31,8 („blind (*cwr*)“, „lahm (*psḥ*)“, thematisch), Jes 35,6b.8 und Jer 31,9 („Bäche (*nḥljm*)“, „Wasser (*mjm*)“, „Weg (*drk*)“), Jes 35,8–10 über den Bezug 40,11 und Jer 31,10bβ, Jes 35,9b.10aα[1] und Jer 31,11 („erlösen (*g'l*)“, „auslösen (*pdh*)“), Jes 35,10aα[2] und Jer 31,12aα[1] („kommen (*bw'*)“, „jubeln (*rnn*)“, „Zion (*ṣjwn*)“), Jes 35,10aβ und Jer 31,13aα („freuen (*śmḥ*)“), Jes 35,10b und Jer 31,13b („Freude (*śśwn*)“, „Frohsein (*śmḥh*)“, „Kummer (*jgwn*)“); für einen allfälligen Sachbezug zwischen 35,5–7 und 40,10b ist Jer 31,16b zu bedenken („Lohn (*śkr*)“ und „Ertrag (*pclh*)“ wie 40,10b), und im Blick auf 35,8 ist Jer 31,21 zu beachten („Straße (*mslh*)“, „Weg (*drk*)“)[34] und im Blick auf 35,3 „straucheln (*kšl*)“ Jer 31,9.

Nicht für die gesamte Aussagenfolge von 35,3–10, sondern für einzelne Aussagen lassen sich wie im Falle von 35,1–2 schließlich auch hier Beziehungen zu Texten des Zweiten Jesaja ab Jes 41ff feststellen. Diese Bezugnahmen haben wahrscheinlich ein beträchtliches Ausmaß; 35,3–4a beispielsweise kann durchaus als Perspektive für vorgefundene Aussagen aus dem Zweiten Jesaja wie 41,10–14; 16,8.12; 61,1 u.a. angesehen werden; doch läßt sich das Ausmaß solcher vorverweisenden Sachbezüge erst dann genau bestimmen, wenn geklärt ist, in welcher redaktionellen

---

[33] Die Frage der literarischen Schichtung von Jer 31 ist nach wie vor umstritten, vgl. aus der jüngsten Diskussion *Thiel* 20ff; *Böhmer* 66ff; *Thompson* zSt; *Lohfink* 351ff; *ders.*, Festschrift Schreiner, Würzburg 1982, 105–120. Bezeichnend ist, daß die Beziehungen zu Jes 35 das jüngere Gut in Jer 31,1ff betreffen; dessen Verhältnis zu Jes 40ff ist noch ungeklärt. Doch ist deutlich, daß Jes 35 angesichts der Vielfalt der Bezüge Jer 31,7ff kennen muß und selbst der abhängige Teil ist: Jes 35 verfährt bei der Heranziehung ganz entsprechend seiner Verarbeitung von Jes 40ff und übernimmt Aussagen über die Völker (Jer 31,7a.10) und über die Heimführung durch Jahwe selbst (vgl. Jer 31,8.9a.10b) nicht!

[34] Daß Jes 35 neben dem großen Bezugstext Jer 31 auch Einzelbezüge zu Formulierungen in anderen alttestamentlichen Texten außer dem Jesajabuch, vor allem prophetischen, aber auch kultisch-weisheitlichen aufweist, wurde in der Exegese des Textes seit langem bemerkt. Näherer Untersuchung bedürfte freilich, inwieweit diese Bezüge allein auf literarische Benutzung dieser Texte oder nicht auf eine u.a. auch an alttestamentlichen Texten geschulte Tradentensprache zurückgehen, in deren Sprachraum Fortschreibungen prophetischer Überlieferungen wie Jes 35 gehören. Unsere redaktionsgeschichtlich orientierte Untersuchung von Jes 35 konzentriert sich im wesentlichen auf die dafür relevanten Texte aus dem Jesajabuch. Vgl. auch unten III Anm. 24.

Gestalt und welchem Umfang Jes 35 den Zweiten Jesaja kennt. So müssen wir uns im wesentlichen auf die Bezüge zu Jes 41ff beschränken, die sich aus dem Wortlaut sichern lassen und für die ein Vergleich nahelegt, daß es der Text Jes 35 ist, der auf die Aussagen aus Jes 41ff Bezug nimmt und nicht umgekehrt. Die Parallelisierung von „Rächung (*nqm*)" durch „Entsprechungstun (*gmwl*)" in 35,4, die in der Parallele 34,8 nicht vorgegeben ist, könnte in den Bereich Jes 56–66, und zwar speziell auf Jes 59,17f weisen, doch liegt auf Grund der Kontexte ein Zusammenhang mit Jer 51,6 (vgl. auch Ps 94,1f) weit näher.[35] Für 35,5–6a sind aus den Texten, die in größerem Ausmaß auf Jes 35 einwirken, die wichtigsten Parallelen in 33,23f und Jer 31,8 gegeben, doch mögen auch Aussagen wie Jes 42,7.18.19; 43,8 (vgl. auch Mi 4,6; Zef 3,19) einwirken. Für 35,6b kann man nur auf Sachparallelen aus dem Zweiten Jesaja verweisen (etwa 43,19f; 44,3; 48,21), wobei auffallenderweise „Bach(tal) (*nḥl*)" dort nicht begegnet (vgl. aber 34,9a); hingegen ist 35,7a eindeutig mit Bezug auf 49,10 (vgl. die seltenen Worte „glühendes Land (*šrb*)"; „Quelle (*mbw*^{c})") und 41,17f („dürstend (*ṣm'*)", „Wüste (*mdbr*)", „Schilfteich (*'gm*)", vgl. Ps 107,33.35) – 41,18f wurde schon in 35,1–2 verwendet – formuliert. 35,8–10 zeigt Übereinstimmung mit dem ebenfalls Jes 40,1–11 verarbeitenden Text Jes 62,10–12 (vgl. 35,8 „sie ist für sein ‚Volk' da, wenn es den Weg betritt (*whw' l*^{c}*mw hlk drk*)" mit 62,10 „Weg des Volkes (*drk h*^{c}*m*)"; 35,9b „Erlöste (*g'wljm*)" mit 62,12a; 35,8a „heiliger Weg (*drk hqdš*)" mit 62,12 „heiliges Volk (^{c}*m-hqdš*)") mit Sachparallelen in 43,19; 49,11; der Ausschluß der Unreinen (35,8aβ) wird mit 52,1.11 zusammenhängen. Für das Fehlen wilder Tiere in 35,9a gibt es keine Wortbezüge im Zweiten Jesaja; 43,20 ist schwerlich als Sachparallele ausreichend und Jes 11,6–8/ Jes 65,25 ist die ausgesagte Vorstellung anders; vielleicht soll hier ein Zug der Fremdvölkerorakeltopik verwendet werden (vgl. Jer 49,19; 50,44). Für die „Erlösten (*g'wljm*)" und die „Ausgelösten Jahwes (*pdwjj jhwh*)" in 35,9b–10a sind mit 62,12 und vor allem Jer 31,11 die wichtigsten Stellen schon genannt; die Aussage hat zusammen mit den restlichen Aussagen von 35,10 eine vieldiskutierte Parallele in Jes 51,10fin.11, der gegenüber

---

[35] Tragende Begriffe der Rettung in 59,16f kehren in 35,4 nicht wieder. Mit Jer 51,6 hingegen verbinden Jes 35,4 – auf dem Hintergrund von Jes 34 gesehen – nicht nur stilistische Züge (*gmwl hw'*), sondern auch sachliche Elemente: die Heimkehrthematik (Jer 51,6.10), das Völkergericht mit Babel an der Spitze (Jer 51,6f), das sich bis in den himmlischen Bereich auswirkt (Jer 51,9; vgl. Jes 34,2–4; 13,10.13; Jes 24–27). – Zur Frage der Beziehung zwischen Jes 35,5–6a und Jes 29,18 vgl. oben I Anm. 10.

Jes 35 aber als der frühere und ursprüngliche Text anzusehen ist,[36] auf den neben dem bereits genannten Bezug zu Jer 31,12f u.a. Aussagen wie 55,12 und 61,3.7 einwirken.
Nach diesen Zusammenstellungen der Bezugnahmen von Jes 35,3–10 auf Jes 40, Jes 32–34, Jer 31 sowie auf gesicherte Einzelbezüge zu Texten im Zweiten Jesaja[37] nun zur Eigenart der Aufnahme dieser Textbezüge in der Gestaltung des zweiten Abschnitts von Jes 35.

5. Die Verarbeitung der Kontextbezüge in Jes 35,3–10

Bereits bei den Veränderungen im ersten Abschnitt von Jes 35 gegenüber 40,3–5 war festzustellen, daß Jes 35 auf Grund von Kontextaussagen in Jes 33 einen Heimzug Jahwes selbst zusammen mit den Heimkehrern nicht mehr erwartet. Dementsprechend kontextbedingt ändert auch der zweite Abschnitt von Jes 35 gegenüber seinem dominierenden Bezugstext 40,9–11. Besonders deutlich, wie bereits erwähnt, natürlich im Rahmen des Bezuges 40,11 zu 35,8–10: Vom Hirtengeleit Jahwes selbst kann für die Heimkehrer nach Zion in 35,8–10 nicht mehr die Rede sein, wie unten näher zu entfalten ist.
Dieselbe kontextverpflichtete Aussagetendenz wirkt sich aber schon am Beginn des zweiten Abschnitts aus, dem wir uns zunächst zuwenden. 35,3–4 hat in seinem Bezug auf 40,9–10a zwar die Staffelung der Auffor-

---

[36] Vgl. zur Diskussion neben *Westermann,* Jes. 40–66, 196.200; *Kaiser* zSt.; *Vincent* 110.122f; besonders *Caspari* 80; *Kiesow* 93f.149 und vor allem *Elliger,* Verhältnis 206f. Ob aus dem Zweiten Jesaja übernommen oder nicht – jedenfalls gehört die Aussage von Anfang an zu Jes 35, wie sich aus den Bezügen zu Jer 31,12f und Jes 40,11 ergibt (s. unten). Es ist aber durchaus nicht auszuschließen, daß Jes 51,10f derselben großjesajanischen Redaktionsschicht zuzurechnen ist wie Jes 35, vgl. dazu unten III Anm. 53.

[37] Gegenüber lediglich vokabelstatistischen Auflistungen wie zuletzt bei *Kiesow* 157, die zudem Jes 32–34 für Jes 35 nicht bedenken, fällt bei Anwendung der Kriterien Formulierung und Sachkonnex (s. oben I Anm. 11) auf, daß sich wie in Jes 35,1–2 so auch in V. 3–10 sichere Beziehungen zu Texten aus dem Zweiten Jesaja für den Bereich Jes 63–66 nicht finden: Zu V. 6b etwa ist 48,21 der anders konturierten Aussage 63,12 überlegen, dasselbe gilt für die Beziehung 35,4 zu Jer 51,6 gegenüber Jes 59,17f und erst recht gegenüber anderen Aussagen im Zweiten Jesaja, die „Rächung (*nqm*)“ und „Entsprechungstun (*gmwl*)“ bieten, und zwischen 35,8–10 und 66,20 bestehen in Formulierung und Sachkonnex überhaupt keine direkten Beziehungen. Es ist in diesem Zusammenhang bezeichnend, daß auch *Cheyne* 212 auf Grund seiner Wortstatistik Jes 35 speziell mit Jes 58–62 zusammenbringt.

derungen übernommen, aber die Adressaten verändert: Nicht mehr Zion wird zur Botschaft an die Städte Judas aufgerufen, weil die wortgleich aufgenommene Kernaussage „Siehe da, euer Gott (*hnh 'lhjkm*)" für Jes 35 nicht mehr die Wächterkunde über den dorthin heimkehrenden Jahwe meinen kann, und damit fallen auch die konkreten Züge, auf hohen Berg zu steigen und laut zu rufen, gegenüber 40,9 weg. Zwar wird man die gestaffelten Adressaten von 35,3f aus Überlegungen zum Entstehungsort von Jes 35 durchaus in Jerusalem und Juda zu suchen haben,[38] insofern bleibt eine Sachbeziehung zu den Adressaten in 40,9 erhalten; Kontur und Situation dieser Adressaten aber sind völlig verändert. Angeredet sind jetzt zunächst die Leser von Jes 35, und das heißt, wenn Jes 35, wie wir zu zeigen suchen, ein redaktioneller Text ist, die Leser einer Großjesaja-Überlieferung, in die Jes 35 eingefügt ist. Aber diese Leser sind nicht einfach jedermann, sondern, wenn man so will, schriftgelehrte Lehrer, die der Kenntnis des ihnen vorliegenden Jesajabuches und seiner redaktionellen Akzente das für alle jetzt Wesentliche entnehmen können. Sie werden aufgerufen, sich ihrerseits mit Aufruf und Zusage ermutigend, stärkend anderen zuzuwenden; in diesem Zusammenhang findet das „fürchte dich nicht (*'l-tjr'j*)" von 40,9 nun einen neuen Ort (35,4aβ). Diese anderen werden mit dem Ausdruck „Herzenseilige/Herzensbestürzte" bezeichnet, der wohl mit Blick auf 40,2aα aus dem Kontext, aus 32,4, entnommen ist und erwägen läßt, ob Jes 35 nicht 32,3–4 überhaupt gegen dessen ursprünglichen Sinn statt als Kennzeichnung der Gegenwart durch Irrtum und Frevel nunmehr als Ausdruck der zur Zeit von Jes 35 bestehenden Notlage verstanden hat. Was diese Notlage ist und den Dienst der primär Angeredeten an den Herzensbestürzten herausfordert, läßt sich im Rückschluß aus den Zusagen in V. 4 bestimmen. Es ist nicht die Angst vor Jahwes – in Jes 34 angekündigtem – Gericht;[39] denn die Zusagen sprechen nicht von Bewahrung in diesem Geschehen, sondern entfalten die Kernaussage „siehe da, euer Gott (*hnh 'lhjkm*)" in den Versicherungen, daß die Rächung kommt, das Entsprechungstun[40] Gottes, die Hilfe. Diese Versicherungen, in denen Spitzenbegriffe aus dem Kontext aufgegriffen werden (34,8; 33,22) zum abbreviatorischen Rückverweis auf eben diese beiden vorangehenden und als solche von Jes 35 vorausgesetzten Kapitel, bekräftigen also den Eintritt des dort Geweissagten; das heißt: Die

---

[38] Vgl. schon *Dillmann* 308.

[39] Gegen *Kiesow* 151 f. – In Jes 13,7 ist von den Menschen, nicht von Israeliten die Rede!

[40] Zu „Entsprechungstun (*gmwl*)" vgl. *K. Seybold*, ThWAT II, 24 ff, besonders 34.

gegenwärtige Lage von Jes 35 ist durch das Problem der Verzögerung von Jes 33 und 34 bestimmt. Auf diese aktuelle Lage hin wird 40,9–10a in 35,3–4 verändert. Der Hinweis auf Gott in der gleichlautenden Kernaussage ist statt des Hinweises auf Gottes machtvolles Kommen und Heimkehr selbst (40,10a) zu einem bekräftigenden Hinweis auf den gewißlichen Eintritt kontextgegebener Weissagungen geworden, bei dem nicht mehr Gott selbst kommt, sondern, wie der veränderte Bezug von „kommt (*jbw'*)" zeigt, die Rächung, das Entsprechungstun Gottes und dessen Hilfe.[41] Abermals zeigt sich die Tendenz: Jahwe ist schon wieder in der Höhe über Zion, von dort aber wirkt er vermittelt: in 33,5 durch Recht und Gerechtigkeit, womit er Zion erfüllt hat, und hier nun helfend durch „Rächung (*nqm*)", wobei Jes 35 die Aussage vom Arm Jahwes, der Herrschaft gewinnt (40,10a), wohl mit den ebenfalls an Stelle eines direkten Wirkens Jahwes selbst stehenden Schwertaussagen von 34,5f verbunden hat, durch „Entsprechungstun (*gmwl*)"[42] und hinsichtlich „Kraft (*ḥzq*)" (40,10a) durch die in 35,3f primär Angesprochenen (vgl. „kräftig (*ḥzq*)" in 35,3a.4aβ).

Die scheinbar unvermittelte Fortführung der Zusagen im zweiten Abschnitt von Jes 35 durch eine erste Ergänzung V. 5–7, die thematisch die Gesundung jeglicher Gebrechlicher (V. 5–6a) – man beachte die suffiziente Zusammenstellung der vier Begriffe, die nur hier im Alten Testament begegnet – zur Zeit der eschatologischen Verwandlung der Wüstengebiete (V. 6b–7, vgl. V. 1–2) verheißt, ist ebenfalls allein aus den Kontextbezügen von Jes 35 zu verstehen. Sie hat, wie wir sahen, ihren Anlaß in den Aussagen Jes 33,23bβγ.24, die Jes 35 aufgreift im Anschluß

---

[41] Auch ohne die obengenannte, für Jes 35 in der Verarbeitung von Jes 40, Jer 31 sowie weiterer Bezugstellen aus dem Zweiten Jesaja bezeichnende Tendenz ist es schon grammatisch das Nächstliegende, „er/es (*hw'*)" in V. 4bβ (vgl. die Aufnahme von „Straße (*mslwl*)" durch *hw'* in V. 8) auf „Entsprechungstun (*gmwl*)" zu beziehen und in diesem Abstractum das Subjekt für die beiden folgenden Verben zu sehen, zumal Jes 35 die Wendung „Der Allherr Jahwe kommt (*'dnj jhwh jbw'*)" aus 40,10a schon in V. 4bα zu „Die Rächung kommt (*nqm jbw'*)" verändert hat. 35,4b ist demnach zu übersetzen: „Siehe da, euer Gott! Die Rächung kommt, das Entsprechungstun Gottes, es ist es, das kommt und wird euch helfen." Dieselbe Sachkontur zeigt übrigens bereits 34,2–4.5.6.8! Auf die Parallelerscheinung bei der Veränderung von Jes 40 in Jes 62,10–12 kommen wir noch zurück (s. III 2.4).

[42] Die Entfaltung von „Arm Jahwes" (Jes 40,10) in „Rache" und „Entsprechungstun Gottes" (Jes 35,4) konvergiert wie auch „Grimm (*ḥmh*)" (Jes 34,2aβ) mit Jes 59,17f. Doch ist daraus nicht zwingend zu folgern, daß Jes 35 auf Jes 59 Bezug nimmt; vgl. vielmehr oben I Anm. 35. Das Umgekehrte liegt näher, s. unten III 2.4.

an das Stichwort der Hilfe Jahwes (35,4fin), das auch in Jes 33 wenig vorher (33,22fin) auftritt. Konkret denkt Jes 35 dabei zumindest auch an die Heilung jeglicher Gebrechlicher unter den Heimkehrern, wie die zeitliche Anbindung dieses umfassenden Heilungsgeschehens an die eschatologische Verwandlung der Wüstengebiete (V. 6b–7) zeigt, die ihrerseits ja das Terrain für den in „dort (*šm*)"-Sätzen V. 8–10 ausgesagten Heimkehrvorgang abgeben. Warum aber greift Jes 35 gerade diesen Zug aus dem Kontext auf und macht ihn zum Gegenstand einer besonderen, thematisch-konkreten Ergänzung? Verschiedene Gründe können hierfür zusammenkommen. Wesentlich ist in jedem Fall, daß Jes 35 in der auch sonst verwendeten Heimkehrpassage Jer 31,7ff dort in V. 8 eine entsprechende Aussage vorgefunden hat. Textintern ist zu beachten, daß gemäß V. 8 ein Unreiner die Heimkehrstraße, die die Qualifikation „heiliger Weg (*drk hqdš*)" trägt, nicht begehen wird und Jes 35 womöglich überdies mit Jes 61,6 die Auffassung eines allgemein-priesterlichen Gottesvolkes teilt; die Heilung aller Gebrechlichen hinge dann mit dem kultischen Heimzug zum Zionheiligtum zusammen, vgl. auch Lev 21,17ff. Aber auch Kontextbezüge sind in diesem Zusammenhang wichtig. So kann 35,5–6a als Entfaltung von 33,24 – womöglich unter Heranziehung von 32,3–4 (Augen, Ohren, Herz, Zunge, vgl. mit 35,4aα Herz, V. 5–6a Augen, Ohren, Zunge) – verstanden werden mit der Aussagetendenz, Heilszüge, die in Zion gelten werden, auch schon auf die Vorgänge der Heimkehr zum Zion auszuweiten. Dieser Tendenz folgten ja schon die Ausdehnung der Sündenvergebung in Zion (33,24) auf die Heimkehrer in der Auslassung von 40,1–2, die Applikation von Jes 60,13 auf die „Steppe (*ᶜrbh*)" in 35,2aβ und die von 32,15 als Restitution des verwüsteten Ziongeländes auf 35,2, und entsprechend lassen sich auch Aussagen im Folgenden verstehen: Den „Nilen", die Zion erhalten wird (33,21), korrespondieren Ausstattungen bereits der Heimzugswüste (35,6bβ und vor allem 7bβ!), und der Erfolglosigkeit einer feindlichen Flotte auf dem Zionsstrom der Heilszeit (33,21.23) korrespondiert die Gefahrlosigkeit bereits der Heimkehrstraße (35,9a). Im Blick auf den Grund für das Heilungsthema in 35,5–6a ist aber schließlich zu erwägen, ob nicht ein Zusammenhang besteht mit dem Einfluß der beiden unmittelbaren Bezugskontexte, Jes 34 und Jes 40, auf die Gestaltung der thematischen Ergänzung 35,5–7 überhaupt. Dieser Konstellation müssen wir uns zunächst zuwenden.

In der Abfolgeorientierung von Jes 35 an diesen beiden Kapiteln kommen, wie wir sahen, für 35,5–7 die Aussagen 34,9–14a einerseits und 40,10b andererseits in Betracht. Daß Jes 35, nachdem in V. 1–2 auf

34,2–4.7b und vor allem in V. 4 auf 34,8 Bezug genommen worden war, in V. 6b–7 ein Gegenbild zu den in Jes 34 anschließenden Aussagen 34,9–14a formulieren will, zeigen schon die oben aufgeführten Wortbezüge 35,6b/34,9a („Bach (*nḥl*)") und insbesondere 35,7b/34,13 an. Das Aussagematerial für dieses Gegenbild gewinnt Jes 35, wie gezeigt, aus dem ablaufentsprechend benutzten Text Jer 31,7ff, dort V. 9, sowie aus Texten im Zweiten Jesaja (43,19f; 44,3; 48,21; 49,10; 41,17f), wobei wieder die Tendenz auffällt, daß Jes 35 den Aspekt, daß Jahwe selbst für die Heimkehrer in der Wüstenverwandlung handelt, aus den Bezugstexten nicht übernimmt. Darin kann eine Veränderung von „mit ihm (*'tw*)" und „vor ihm her (*lpnjw*)" in dem Bezugstext 40,10b gesehen werden: Statt daß Jahwe selbst bei seinem Heimzug das Terrain verwandelt, wird in Jes 35 eine Verwandlung dort vor einer und für eine Heimkehr ohne Jahwes Mitziehen angekündigt! Aber auch zu 34,9–14a sind in 35,6b–7 bewußte Sachbeziehungen festzustellen. So ist die Aussage 35,6b an 34,9, den im Gerichtsgeschehen brennenden Bachtälern orientiert, und 35,7 mit der Hervorhebung des glühenden, dürstenden Landes deutlich an dem 34,9b–10 dargestellten Gerichtszustand. Absicht dabei ist wieder wie in 35,1–2, diesen Gerichtszustand des Terrains – nicht die in Jes 34 geweissagte Vernichtung der Völker! – zeitlich zu begrenzen, insofern hier für eine Zeit danach im Blick auf die Heimkehr Israels dessen Aufhebung zugunsten der im Zweiten Jesaja vorgegebenen Weissagungen über das Heimzugsterrain verheißen wird. Daß nicht von einem ganz anderen, sondern vom selben Terrain wie Jes 34 die Rede ist, zeigt vollends die Wort- und Sachbeziehung von 35,7b zu 34,13: Eben die Stätte, an der infolge des Gerichts Schakale[43] hausen werden, wird danach zu einem mit Schilfrohr und Papyrus bestandenen, wasserreichen Gelände werden.[44]

---

[43] Die Schakale, sofern *tn* so zu übersetzen ist, hat Jes 35 aus der Verwüstungsfauna von 34,11–14a wohl deshalb aufgegriffen, weil diese als Aasfresser (vgl. *Keel* I, 147) typisches Anzeichen für ein totes Terrain sind, das durch den mit Schilf und Papyrus bestandenen Lebensraum abgelöst werden wird. Jes 35 überbietet darum 43,20.

[44] „Schilfrohr und Papyrus (*qnh wgm'*)" steht hier nicht von ungefähr. Vielmehr liegt eine Bezugnahme auf Jes 18,2 und vor allem auf Jes 19,5–6 vor: Dem Heimkehrgeschehen werden in Jes 35 nicht nur bereits Heilszüge verliehen, die dann im Zionheil gelten werden, sondern auch Züge, die den vernichteten Völkern, hier Ägypten mit typischer Deltavegetation (vgl. *Wildberger* III 1363), genommen werden. Daß Jes 35 diesen Zug bietet, zeigt, daß der Text das Rachegericht über die Völker (Jes 34) speziell auch an Ägypten und seiner Nilvegetation (vgl. 19,5ff) erwartet, was wiederum darauf schließen läßt, daß Jes 35 Heimkehrer auch aus diesem Bereich im Auge hat.

Von diesen Sachbeziehungen zwischen 34,9–14a; 40,10b und 35,6b–7 fällt nun auch Licht auf die Heilungsthematik in 35,5–6a. Offensichtlich hat Jes 35 in all den gesundeten Gebrechlichen unter Bezug auf Jer 31,16f.8 die Stichworte „sein Lohn (*śkrw*)" und „sein Ertrag (*pᶜltw*)" in Jes 40,10b sachlich aufnehmen wollen und auch den Bezugstext 34,9–14a damit verbinden können, wenn man den medizinischen Gebrauch des in 34,9 genannten Schwefels[45] in Betracht zieht.

Lag der maßgebliche Bezug für die erste thematische Ergänzung 35,5–7 in Aussagen des vorangehenden Kontexts, in 33,23f und 34,9–14a vor allem, aber mit einem Brückenschlag auch zu 40,10b sowie zu weiteren Aussagen im Zweiten Jesaja, die direkt aufgenommen werden oder zu denen Sachbezüge vorliegen, so ist die zweite thematische Ergänzung 35,8–10 vor allem vom folgenden Kontext hervorgerufen, von der Aufnahme der aus 40,1ff noch ausstehenden Aussage 40,11. In einem gemeinsamen Vokabular äußert sich diese Beziehung freilich nicht. Doch gibt es Anzeichen, daß der Wortlaut von Jes 40 wie bei den vorangehenden Bezugnahmen so auch im Falle von V. 11 nun bei der Gestaltung von 35,8–10 aufs genaueste bedacht worden ist: Sachaspekt und Abfolge der drei in „dort (*šm*)"-Sätzen in 35,8–10 gemachten Aussagen stehen nämlich offenbar in Entsprechung zu den in 40,11 vorgefundenen Aussageelementen in derselben Abfolge. Von hinten nach vorne gesehen nimmt dementsprechend der dritte „dort (*šm*)"-Satz 35,9b–10 die Aussage 40,11aβb auf: Beide Male ist – hier metaphorisch, dort direkt – von der Heimkehr der Heimkehrer und den Umständen dieses Vorgangs die Rede. Eine Brücke der Beziehung bildet für Jes 35 gewiß das in Jes 40,11aβ gegebene Verbum „sammeln (*qbṣ*)", das jetzt prägnant im Sinne der eschatologischen Rückkehr des Gottesvolkes nach Zion verstanden wird – ein Gebrauch, den Jes 35 schon aus Jer 31,8.10(!), Texten aus dem Zweiten Jesaja (43,5; 54,7) sowie wohl auch aus sonstiger prophetischer Überlieferung kannte.[46] Die wesentliche Rolle unter diesen Belegen für die Aufnahme von 40,11aβb in 35,9b–10 spielt natürlich Jer 31,8.10 aus dem Text, dessen Aussagenfolge 31,8f schon für Jes 35,5–7 von Einfluß war und der in der Aussagenfolge 31,10b.11.12aα¹.13 zusammen mit der Entsprechung zu Jes 62,10–12 die konkrete Formulierung von 35,8–10 am stärksten bestimmt. Daß Jes 35 aus 40,11aβb den Akzent der Heimführung durch Jahwe übergeht, ist nicht verwunderlich; Jes 35 vermeidet ja auch sonst die Aussage von einer

[45] Vgl. dazu BRL² 292f (*M. Weippert*); Der Kleine Pauly 5,43.

[46] Vgl. Jer 23,3(!); 29,14; 32,37; Ez 11,17; 20,34.41; 28,25; 34,12ff(!); 36,24; 37,21; 39,27; Mi 2,12(!); 4,6; Zef 3,19f; Sach 10,8.10(!).

direkten Präsenz Jahwes im eschatologischen Geschehen auf Erden. Blickt man auf den mittleren „dort (*šm*)"-Satz Jes 35,9aα in seinem Verhältnis zu 40,11, so zeigt er sich als Aufnahme und Entfaltung des Wortes „hütet (*jrʿh*)" in 40,11aα, aus dem der Sinnaspekt der Sicherung der Herde vor wilden Tieren[47] aufgegriffen wird – freilich wieder unter Vermeidung einer Aussage, die Jahwe selbst derart unter den Heimkehrern wirken ließe. Bleibt der erste „dort (*šm*)"-Satz 35,8. Er nimmt Bezug auf die ersten beiden Worte von 40,11 und entfaltet sie in jeweils einer Vershälfte: V. *8b sagt, wer „seine Herde" ist, nämlich kein Unreiner, sondern ‚sein Volk', während V. 8a an dem Stichwort „Hirt" orientiert ist, das in der Entfaltung freilich verändert werden muß: Weil Jahwe nicht mehr selbst mitzieht, tritt an seine Stelle hier – sachgemäß plaziert nach den Aussagen über die Verwandlung des Heimkehrgeländes in 35,1–7 – mit der Hirtenfunktion der Führung und Bewahrung nun die Straße nach Zion, womit auch ein bei der Aufnahme von 40,3–5 ausgespartes Element aufgegriffen ist, – eine Straße, der nun selbst die Qualität der Heiligkeit eignet.[48]

Somit zeigt sich 35,8–10 durchgängig durch den folgenden Kontext, genauer durch die Aufnahme von 40,11 veranlaßt. Die konkrete Gestalt dieser Aufnahme in Jes 35 ist zunächst durch Veränderung von 40,11 gekennzeichnet: Auch diese Beziehung unterliegt der in Jes 35 durchgängigen, durch den Kontext Jes 33 bedingten Tendenz festzuhalten, daß Jahwe bereits in der Aussagegegenwart wieder über dem Zion thront, also im Unterschied zu Jes 40 nicht mehr mit den Heimkehrern selbst erst auf

---

[47] Vgl. zu diesem Aspekt von „hüten/weiden (*rʿh*)" z.B. Ps 23,1.4; Ez 34,8.25.28.

[48] Ist die Nebenform *mslwl* gegenüber dem üblichen *mslh* („Straße") in Jes 35,8 deshalb gewählt, um die veränderten Akzente in der theologischen Sicht der Heimkehrstraße zu markieren?
In der exegetischen Literatur zu Jes 35 wird diskutiert, ob Jes 35 eine Straße für die eschatologischen Heimkehrer zum Zion oder eine via sacra für wiederkehrende kultische Prozessionen von Pilgern zum Zionheiligtum im Auge habe: für letzteres plädieren z.B. zSt. *Marti* (beides); *Duhm; Procksch* (beides); *Kaiser* (beides) sowie *Kiesow* 150.153f (beides). Doch ist die Annahme einer Prozessionsstraße für Jes 35 ganz unwahrscheinlich, wenn man die Bezugstellen aus Jes 40, dem Zweiten Jesaja, Jer 31 und die Art ihrer Aufnahme und Verarbeitung in Jes 35 bedenkt; auch die Bewegung „gehen – zurückkehren – kommen nach Zion (*hlk – šwb – bw' ṣjwn*)" in 35,9f und die Bezeichnung der Heimkehrer mit „erlösen (*g'l*)" und „auslösen (*pdh*)" sprechen dagegen. Eindeutig zugunsten einer Straße für die eschatologischen Heimkehrer läßt sich entscheiden, wenn man die Bezüge von Jes 35 zu Jes 11,11–16; 27,13; 62,10–12 und der damit gegebenen, gezielten Abfolge beachtet; s. dazu unten III 2.3; 2.4.

dem Heimzug nach Zion sein wird. Das andere Kennzeichen aber ist Entfaltung. Was macht abgesehen von der genannten Tendenz in Jes 35,8–10 gerade diese Entfaltung von 40,11 notwendig? Das Material dafür ist offenkundig: Jer 31,10–13 und weitere Einzelaussagen aus dem Zweiten Jesaja. Aber die Absicht, den bereits verwendeten Text Jer 31,7ff weiter zu berücksichtigen, reicht als Antwort auf diese Frage nicht aus. Eher zureichend ist es, das Bestreben anzunehmen, durch diese Entfaltungen Vorverweise auf wesentliche Themen im Zweiten Jesaja zu geben, und dies um so mehr, wenn man an dieser Stelle schon in Betracht zieht, daß die sachliche Inklusion, die Jes 35 mit 62,10–12 bildet, schwerlich Zufall ist. Beim Versuch einer Antwort auf die gestellte Frage ist jedoch wieder ein Blick auch auf Jes 34 vonnöten. Spielen für die konkrete Entfaltung in 35,8–10 nicht die drei stilistisch entsprechenden „dort (*šm*)"-Aussagen ab 34,14b auch sachlich eine Rolle? Text und Sinn am Ende von Jes 34 sind schwierig, und schon dies setzt alle diesbezüglichen Überlegungen unter Vorbehalt. Doch gibt es Anzeichen, die bewußte Sachbeziehungen nahelegen. Wieder von hinten nach vorne gesehen ist zum dritten „dort (*šm*)"-Satz 35,9b–10 als Aufnahme von 40,11aβb aus Jes 34 der dritte „dort (*šm*)"-Satz 34,15b (samt V. 16–17?) in Beziehung zu setzen. Auch er (und 34,16fin) bietet wie der Bezugstext 40,11 bezeichnenderweise das Verbum „sammeln (*qbṣ*)". Hat Jes 35,9b–10 nicht einen Sachbezug zu 34,15b(ff) dergestalt im Auge, daß nun ein Geschehen geweissagt wird, das den im Heimzugsterrain versammelten, unreinen (Lev 11,14; Dtn 14,13), freilich nicht präzise identifizierbaren Wesen (*djwt*) (34,15b) bzw. dem Verödungsgetier dort insgesamt (34,16) jetzt den Heimzug des gesammelten Gottesvolkes durch dasselbe Terrain entgegengesetzt? Wieder läge die für Jes 35 bezeichnende Tendenz vor, Gerichtszüge im Terrain von Jes 34 zeitlich zu begrenzen durch die Weissagung ihrer Ersetzung durch heilvolle, heimkehrbezogene, wodurch eine Brücke zu Jes 40(ff) entsteht. Im zweiten „dort (*šm*)"-Satz Jes 34,15a, der in Beziehung zu 35,9aαβ und zu „hütet (*jrʿh*)" in 40,11 steht, ist der Text verderbt, die Bedeutung mehrerer Worte unsicher und vor allem unbekannt, was das dort genannte Wesen *qpwz* meint. Da von diesem Wesen in 34,15a wohl ausgesagt ist, daß es brütet und Eier legt, muß es sich um ein Tier handeln – u. U. mit dämonischen Qualitäten – und nach dem Kontext jedenfalls um ein für Gericht und Verödung eines Terrains bezeichnendes Wesen; insofern ist es durchaus angezeigt, einen Sachbezug zu der Aussage von der Sicherheit, die im Heimzugsterrain vor gefährlichen Tieren herrscht, in 35,9aαβ anzunehmen. Die Aussagetendenz ist dieselbe wie im dritten „dort (*šm*)"-Satz von Jes 35. Ist dem so,

dann werden aber auch der Gestaltung des ersten „dort (*šm*)"-Satzes in 35,8 Sachbeziehungen nicht nur zum Anfang von 40,11, sondern auch zum ersten „dort (*šm*)"-Satz 34,14b zugrundeliegen: Die für Hirt und Herde 40,11 stehende Heimzugsstraße für das Volk war ja für Jes 35 an die Stelle der Anwesenheit Jahwes selbst beim Heimzug getreten, insofern aber kann darin – unter Bezugnahme auf Jer 31,2 („rasten (*rgᶜ*)", „gehen (*hlk*)")? – eine bewußte Entgegensetzung zu der bisher dort hausenden, herrschenden Lilit gesehen worden sein.
Alles in allem gesehen ergibt sich also, daß die textgenetische Eigenart von Jes 35,3–10 dieselbe ist, die wir schon in 35,1–2 angetroffen und am Ende des Abschnitts I 3 charakterisiert haben. Neu hinzu tritt die Einsicht, wie eng sich Jes 35 auch an der Aussagenabfolge nicht nur von Jes 40,1–11, sondern auch von Jes 32–33 und insbesondere von Jes 34 orientiert. Sachlich im Vordergrund steht auch in diesem zweiten Abschnitt von Jes 35 das Heimzugsthema, für dessen Ausbau nicht nur vorgegebene Formulierungen aus dem Zweiten Jesaja, sondern vor allem aus Jer 31 herangezogen werden.
Im Folgenden ist nun der Text Jes 35 als ganzer weiter zu bedenken.

II. Jes 35 als Brücke zwischen den Nachbartexten im Jesajabuch

1. *Jes 35 als Redaktionstext*

Blicken wir auf die vorstehenden Untersuchungen zu den Textbezügen und der Eigenart ihrer Aufnahme in Jes 35 zurück. Was sich dabei ergeben hat, mag nicht in allen Fällen von gleichgroßer Evidenz sein; der Befund im ganzen erscheint jedoch einhellig. Diesem Befund zufolge war Jes 35 nie ein selbständiger Text außerhalb der Jesajabuch-Überlieferung, der von dieser Überlieferung lediglich auf dem Wege von Textkenntnis Gebrauch gemacht und im übrigen seine Aussagen und deren Anlage und Abfolge aus Eigenem gewonnen hätte. Jes 35 stand niemals ursprünglich – mit oder ohne Jes 34 – für sich; eine erst sekundäre Aufnahme dieses Textes in das Jesajabuch ist folglich auszuschließen.[1] Beachtet man für Jes 35 Position, Gewicht und Verarbeitung der Textbezüge, so ergibt sich ein anderes Bild. Jes 35 ist ein genau zwischen die Logienkomplexe Jes 32–34 und Jes 40,1–11 eingepaßter Text, hervorgerufen vor allem durch ständige geistige Oszillation zwischen diesen beiden Komplexen und in seiner eigenartigen Anlage und Abfolge ganz von deren Aussagenfolge bestimmt. Mit anderen Worten: Jes 35 ist ein schon immer für diese Position in der Jesajabuch-Überlieferung formulierter Redaktionstext mit sachlicher Brückenfunktion. Diese redaktionelle Brückenfunktion erstreckt sich primär natürlich auf die beiden benachbarten Kontextkomplexe, reicht aber darüber hinaus. Da Jes 40,1–11, womöglich ohnehin ein seinerseits redaktionell gewordenes Gebilde,[2] schwerlich jemals selbständig war und Jes 35 auch Bezüge auf Aussagen im Bereich von Jes 41–62 aufweist, und da auf der anderen Seite Jes 32–34 nicht von einer Protojesajabuch-Überlieferung noch erheblich weiter zurückreichenden Umfangs zu trennen ist,[3] ist festzustellen, daß Jes 35 eine Brückenfunk-

[1] Vgl. oben Hinführung bei Anm. 5.
[2] Vgl. die Hinweise oben I Anm. 4.
[3] Darin stimmen die neuesten redaktionsgeschichtlichen Positionen zu Protojesaja überein, vgl. *Fohrer,* Einleitung §56; *Vermeylen* 653ff; *Barth* 277ff; *Clements* 2ff; *Wildberger* III 1550ff; *Kaiser,* Einleitung 234f. – Die in Jes 35 gegebene Redaktionsschicht im ganzen weiterzuverfolgen, ist in unserem Rahmen weder für den Bereich des Zweiten Jesaja noch des Ersten Jesaja möglich. Einige Beobachtungen und Erwägungen werden unten in Teil III genannt.

tion hat in einer bereits vorgefundenen[4] oder mit diesem Kapitel erstmals hergestellten Verbindung von Erstem und Zweitem Jesaja überhaupt!

2. *Die Probleme im Hintergrund von Jes 35*

Bleibt man im Nahbereich des engeren Kontextes, den wir untersucht haben, so läßt sich in diesem Rahmen zur Charakterisierung der Brückenfunktion von Jes 35 Folgendes feststellen: Was Jes 35 in dieser Funktion leisten soll, ist eine Vorausperspektive für die anschließenden Aussagen in 40,1–11 und 40ff überhaupt, die diese im sachlichen Zusammenhang mit Jes 32–34 sehen läßt.

Diese Vorausperspektive aber ist durch eine Reihe von Problemen bestimmt, die sich in diesem Bezugsrahmen vor allem stellen: 1) Jes 35 ist in einer Lage geschrieben, in der sich sowohl der Eintritt der Weissagungen von Jes 33–34 wie der von wesentlichen Gehalten in Jes 40ff verzögert – hier steht die Divergenz von Text und Erfahrung an; 2) Jes 35 steht in der Divergenz, daß Jes 33 eine Zionspräsenz Jahwes bereits für die Gegenwart aussagt, während Jes 40ff vielfach eine Rückkehr Jahwes nach Zion mit den Heimkehrern künden; 3) Jes 35 steht in der weiteren Divergenz, daß Jes 40ff mit einem eschatologischen Heilsgeschehen von positiver, weltweiter Erstreckung bis in die Völkerwelt hinein rechnet,[5] während 34,2–4 die endliche Vernichtung der Völkerwelt weissagt; und Jes 35 steht 4) insbesondere vor der Divergenz, daß eben dasselbe Terrain, das gemäß Jes 34 totaler, ewiger Verödung anheimfallen wird, als Heimzugsterrain wesentlich ist, das in Jes 40ff in ganz anderen Zügen gezeichnet wird. Diese Probleme, zu denen noch die Divergenz zwischen 33,24 und 40,1–2 hinsichtlich des Schuldstatus in Jerusalem und die Divergenz zwischen 34,3b–4aα und 40,4 hinsichtlich der Berge und Hügel kommen, erwachsen durch das Aufeinandertreffen der literarischen Kontexte von Jes 35 und werden mit diesem Brückenkapitel zu einer Lösung gebracht. Auf welche Weise?

---

[4] Vgl. dazu unten Teil III.

[5] Faktisch abgewiesen, mögen sie nun älter oder jünger als Jes 35 sein, sind durch Jes 35 im Zweiten (und im Ersten) Jesaja folgende Aspekte der Beziehung Völker–Heimzug Israels: daß die Völker die Israeliten heimbringen (49,14ff; 60,4.9; 66,20), daß die Völker angesichts des Heimzugs zur Erkenntnis kommen (z.B. 49,26); daß die Völker Schätze bringen (45,14; 60; vgl. 18,7); daß die Völker als Sklaven kommen (60,12ff; 61,5; vgl. 14,1–2); daß sie sich bekehren (60,12ff; 66,15ff; 45,14; vgl. 19,18–25; 25,6f).

In die Formulierung der Kontexte selbst wird ausgleichend nicht eingegriffen; sie liegen also festformuliert und in dieser Gestalt nicht mehr veränderlich vor. Auf der anderen Seite ist die Jesajabuch-Überlieferung als solche noch nicht definitiv abgeschlossen, sie kann noch durch einen in sie eingeschriebenen Text wie 35,1–10 interpretiert werden. Diese Interpretation ist im Falle von Jes 35 nicht ein Einzelzusatz zu einem Einzelabschnitt davor oder danach im engsten literarischen Blickfeld, sondern eine Aussage, die größere literarische Komplexe in den angrenzenden Bereichen zusammensieht und sachlich überbrückt – eine redaktionelle Aussage also, deren Reichweite in der Jesajabuch-Überlieferung unsere Untersuchung jedenfalls in Jes 32–34 und 40–62 hat verfolgen können. Die kontextbedingte Zusammenschau in der Bildung von Jes 35 erstrebt gewiß eine kontextrelevante Wahrnehmung auch auf seiten dessen, der Jes 35 im Rahmen des Jesajabuches in seinem damaligen Umfang liest. Sie verwirklicht diese Absicht durch überlegt gesetzte Wort-, Sach-, Stil- und Abfolgebezüge zu den Aussagen des unmittelbaren Kontextes (Jes 32–34 und 40) bis hin zur Abbreviatur von theologischen Spitzenbegriffen aus diesen Kontexten und durch Verwendung von Einzelformulierungen aus dem weiteren Kontext, wie wir vor allem an den Bezugnahmen auf Aussagen in Jes 41–62 gesehen haben. Sie setzt in alledem bei der Abfassung wie bei der Leserrezeption von Jes 35 eine fortlaufende Lektüre der Jesajabuch-Überlieferung in der Abfolge der Texte und eine genaue Kenntnis des Wortlauts im Textzusammenhang voraus, wie sie daraus erwächst. Nur in diesem Rahmen kann Jes 35 leisten, was es sachlich leisten soll.

3. *Die sachliche Lösung in Jes 35 und ihre Kennzeichen*

Diese sachliche Lösung, die Jes 35 in der Überbrückung der Kontexte geben will, zeigt bemerkenswerterweise dieselbe Kontur sowohl in der Verarbeitung von Jes 32–34 und Jes 40 wie in der Verarbeitung einzelner Bezugstellen aus dem Zweiten Jesaja wie in der Verwendung von Jer 31; sie läßt sich in dreifacher Hinsicht kennzeichnen.

Zum einen als Bekräftigung von Kontextaussagen angesichts der Gegenwartserfahrung sich hinauszögernder, eschatologischer Wende; in 35,3–4 und seinen Zusagen haben wir diesen Aspekt vor allem angetroffen.

Zum anderen aber zum Ausgleich von Kontextdivergenzen als Veränderung gegenüber den umliegenden Aussagen. Dabei kann man Veränderungen, die in zeitlicher, und solche, die in sachlicher Hinsicht vorgenommen werden, unterscheiden, obwohl beides, wie wir sehen werden, für Jes 35 nur zwei Seiten einer Sache sind. Das durch die interne Überlieferungsbildung der Kontexte von Jes 35 bedingte Hin und Her von bevorstehenden Vorgängen definitiven Heils für Zion und das Gottesvolk und definitiven Gerichts über Feindvölker ordnet Jes 35,4 in zeitlicher Systematisierung so, daß die Gerichtsvorgänge bezüglich der Völker und die Heilsvollendung bezüglich des Gottesvolkes nacheinander folgen – eine klärende Perspektive für die anders gearteten Aussagefolgen sowohl in Jes 32–34 wie in Jes 40–62. Wie sind in dieser Systematik die Kontextaussagen von der Präsenz Jahwes bezüglich des Zion und von der Heimkehr zerstreuter Israeliten einzuordnen? Diese Präsenz Jahwes versteht Jes 35 im Anschluß an Jes 33, wie wir mehrfach sahen, als in der Gegenwart bereits gegebenes Heilsereignis, das somit für die noch ausstehenden Heilsvorgänge nicht mehr in Betracht kommt; die Heimkehr aber wird den mit Zion, Jerusalem und Land verbundenen, künftigen Heilsvorgängen nach dem Gericht zugeordnet. Diese zeitlich-systematisierende Veränderung gegenüber dem Kontext zieht die sachlichen Veränderungen gegenüber den Nachbartexten nach sich. Die zeitliche Zuordnung der Zionspräsenz Jahwes hat gewichtige Konsequenzen für die in Jes 40,3–11 und damit implizit auch für die in Jes 41–62 gegebenen Aussagen von der Heimkehr Jahwes, von dem Geleit der Heimkehrer durch Jahwe selbst, von der Heimzugstraße für Jahwe nach Zion. Den ursprünglichen Sinn dieser Aussagen korrigiert Jes 35, indem sie nun bewußt übergangen, Wirkweisen Jahwes statt Jahwe selbst zugeordnet oder auf die Heimkehrer und deren Heimkehrstraße allein bezogen werden. Ausschlaggebend für Entstehung, Formulierung und Stellung von Jes 35 direkt nach Jes 34 und vor Jes 40 aber ist, daß die Heimkehrvorgänge, die der folgende Kontext weissagt, im Sinne der zeitlichen Systematisierung als Teil der Heilsvorgänge nach den Jes 34 geweissagten Gerichtsvorgängen ihren Ort haben. Diese Konstellation zieht für Jes 35 einerseits eine Korrektur der Heimkehrperspektive von Jes 40ff nach sich: Diese Heimkehrgeschehnisse haben entgegen Jes 40ff keine Auswirkungen auf Berge und Hügel und vor allem keine positiven Auswirkungen auf die Völkerwelt mehr; denn beides existiert nach dem vor der Heilsheimkehr eintretenden Gericht nicht mehr. Vor allem aber ist durch die genannte Konstellation die Jes 35 in erster Linie evozierende Korrektur der Gerichtsperspektive von Jes 34 erforderlich. Jes 34 weissagt ein definitives, ausdrücklich zeitlich unbegrenztes Gericht auch über das Terrain und macht damit die in Jes 40ff geweissagten Vorgänge über die Heimkehr und das Heimkehrgelände, die sich im Rahmen der Heilsereignisse nach dem Gericht ereignen sollen, unmöglich. Diese Spannung muß überbrückt und gelöst werden. Dies geschieht nicht dadurch, daß Jes 35 die Aussagen von Jes 34 aufhebt oder räumlich begrenzt, sondern dadurch, daß die Terrainaussagen in 34,9ff entgegen ihrem ursprünglichen Sinn zeitlich begrenzt werden! Sie werden im Rahmen der Gerichtsvorgänge eintreten, sie werden aber im Rahmen der anschließenden Heilsereignisse dann bezüglich des Heimkehrvorgangs abgelöst werden durch eben die Veränderungen im Terrain, die Jes 35 im einzelnen weissagt![6] So will Jes 35 in seinen Veränderungen die angrenzenden Aussagen von Jes 32–34 und Jes 40ff nicht sachlich annullieren und ersetzen; die redaktionelle Einfügung von 35,1–10 hat vielmehr die Aufgabe darauf hinzuweisen, in welcher Ordnung und in welchem Sinne jene Aussagen zu lesen sind.

Eine dritte Hinsicht sachlicher Überbrückung der Kontexte durch Jes 35 kann man schließlich als Ergänzung oder Entfaltung von Kontextaussagen kennzeichnen. Da gemäß der eben genannten zeitlichen Systematisierung Heimkehr und Zionheilsvollendung aufeinander bezogen derselben eschatologischen Abschlußphase nach dem Gericht zugewiesen werden, ist ein Motiv der Ergänzung und Entfaltung von Kontextaussagen die Ausdehnung von Heilszügen Zions schon auf den Heimkehrvorgang selbst.[7] Zwei weitere Motive lassen sich besonders in 35,8–10 erkennen. Einerseits liegt das Bestreben vor, den Bezugstext Jes 40,11 so zu entfalten

---

[6] An welches Heimzugsterrain denkt Jes 35? Wie wir sahen, an dasselbe Terrain wie Jes 34. Dessen Bestimmung dort aber schillert zwischen einem Weltterrain (V. 2–4) und Edom (V. 5–15). Schon das Jes 35 weithin bestimmende Interesse, die Aussagen von 34,9ff zeitlich zu begrenzen, deutet darauf, daß jedenfalls auch an das Land Edom gedacht ist. Dafür gibt es weitere Anzeichen: 1) Jes 35 gehört, wie sich zeigen wird, mit Jes 11,11–16 und 27,13 zusammen und erwartet wie dort eine eschatologische Heimkehr der mesopotamischen (vgl. Jes 40ff und zum Heimkehrweg via Tema über Kedar den Bezugstext Jes 42,11!) und der ägyptischen (vgl. II Anm. 44) Diaspora, vgl. auch Sach 10,10f; beide Heimkehrerströme treffen im Lande Edom zusammen, vgl. zum Straßennetz *Aharoni* 4.40; *Aharoni/Avi-Yonah* Nr. 9.10.112; *Keel* I, 100; 2) die Aussagen in Jes 35 stehen nicht nur wie gezeigt in Kontrast zu Ägypten- (19,5f!) und Edom-Aussagen (34,9ff), sondern auch zu entsprechenden Babel-Aussagen (13,20ff) – wieder die Konstellation Mesopotamien, Ägypten, Edom; 3) in Edom liegt die Königsstraße als ein Weg für den gemeinsamen Heimzug, wie ihn Jes 35 in Blick nimmt; diese aber ist schon in der Überlieferung vom ersten Exodus, dem solcher Heimzug nach Jes 11,16 entsprechen soll, verankert (Num 20,14ff) und kann jetzt angesichts des Völkergerichts (34,2–4) ungehindert durch Menschen beschritten werden. – Vgl. zur Frage schon *Duhm* 254 mit seiner treffenden, dann aber leider selbst zurückgenommenen Einsicht: „... im strengen Zusammenhang sollte man bei der Wüste 35,1 ja an Edom denken."

[7] Vgl. die Zusammenstellung oben I 5.

und zu ergänzen, daß Vorverweise auf wesentliche Aussagen im anschließenden Zweiten Jesaja entstehen. Andererseits soll in Übereinstimmung mit Tendenzen jüngerer Schichten im Zweiten Jesaja die theologische Qualität des Heimkehrvorgangs bezüglich Heimkehrstraße und Heimkehrern selbst fixiert werden: Die Heiligkeit und Gefahrlosigkeit des Weges sowie das Fehlen Unreiner werden als Veränderung des Terrains von Jes 34 mit seinen unreinen und bedrohlichen Wesen betont.

III. Zur Entstehung von Jes 35

Muß also, alles in allem gesehen, Jes 35, wie eingangs vermutet, als redaktionelle Brücke zwischen dem Ersten und dem Zweiten Jesaja angesehen werden und somit als ein Text, der von Anfang an nur mit dieser Funktion und nur für diesen Zusammenhang geschrieben wurde, so hat dies Konsequenzen für zwei Problembereiche, die in der Forschung kontrovers diskutiert werden: für die Frage der literarischen Einheitlichkeit von Jes 35 und für das Problem des redaktionsgeschichtlichen Ortes von Jes 35 innerhalb des Werdens von Großjesaja, das ob seiner Weitläufigkeit allerdings nur mit einigen Folgerungen und Hinweisen angesprochen werden kann.

1. Die literarische Einheitlichkeit von Jes 35

Zunächst zur Frage der literarischen Einheitlichkeit von Jes 35, die jüngst auch über die kleinen Zusätze am Ende von 35,8b und in 35,9bβ[1] hinaus von *J. Vermeylen*[2], *F. Hubmann*[3] und *K. Kiesow*[4] mit ganz unterschiedlichen Argumenten und disparaten Ergebnissen bestritten worden ist.
Für *Vermeylen* ist 35,8–10 gegenüber 34,1–35,7 ein jüngerer Zusatz. Er gelangt zu dieser These, weil er – grundsätzlich mit Recht – auf Entsprechungen in der Aussagenfolge zwischen Jes 34 und 35 achtet, eine Korrespondenz aber dann nur zwischen 34,8 und 35,4, 34,9–10 und 35,6b–7a sowie 34,11–15 und 35,7b finden kann; 35,8–10 stehe außerhalb der Entsprechungen und sei deshalb Zusatz. Demgemäß ordnet *Vermeylen* Jes 34,1–35,7 und 35,8—10 unterschiedlichen Redaktionsschichten im Jesajabuch zu – den ersten Komplex einer Schicht, die vom Thema der Rache Gottes an den Gottlosen bestimmt sei,[5] 35,8–10 hingegen der jüngsten Schicht, zu deren Themen Heidenbekehrung und Sammlung der zerstreuten Israeliten gehöre.[6] Der These *Vermeylens* ist zunächst entgegenzuhalten, daß die Bezugnahmen von Jes 35 auf Jes 40 unausgewertet und entsprechend die Beziehungen von 35,1–2 über 40,3–5 auf 34,2–4

[1] S. oben I Anm. 23–25.
[2] 439–446.735ff, dort 739; 745ff, dort 749f.
[3] 29–41.
[4] 142–157.189f; *Haag* 45f hat sich ihm angeschlossen.
[5] 735ff.
[6] 745ff.

unerkannt geblieben und die Entsprechungen zwischen 34,8ff und 35,4ff nur oberflächlich behandelt worden sind. Vor allem aber darf die Entsprechung zwischen 35,8–10 und 34,14b–15 hinsichtlich der Gestaltung in drei „dort (*šm*)“-Aussagen nicht unbeachtet bleiben. Daß mit dieser formalen Entsprechung auch eine sachliche beabsichtigt wird, ist, wie wir sahen, naheliegend, wenn man beachtet, wie überlegt Jes 35 die Aussagen des unmittelbaren Kontextes durchweg aufnimmt und überbrückt; gemäß unserem Ergebnis sind dabei Modus und Sachakzentuierung des redaktionellen Verfahrens in 35,8–10 keine anderen als in 35,1–7. So ist gegen *Vermeylen* anzunehmen, daß 35,8–10 ursprünglich mit 35,1–7 zusammengehören, und dies um so mehr, als bereits 35,1–7 über 40,1–10 hinaus auf Texte im Zweiten Jesaja Bezug nehmen, die im Sachzusammenhang der Heimkehr Israels stehen,[7] von der 35,8–10 dann ausdrücklich handeln. Schließlich läßt sich auch die redaktionsgeschichtliche Zuordnung *Vermeylens* in sich kritisieren. Daß 35,8–10 einer Schicht letzter Zufügungen zugehören soll, deren Thema auch die Heidenbekehrung ist, ist ganz unwahrscheinlich; die exklusiven Bestimmungen von 35,8, mit denen eine Beteiligung der Völker am Zug nach Zion in Aussagen des Zweiten Jesaja abgewiesen wird,[8] gehören doch als Spiegelbild zusammen mit dem Völkergericht, von dem Jes 34 handelt, und keinesfalls auf dieselbe Ebene wie Jes 56,8; 66,20.[9]

Hubmann operiert mit literar- und stilkritischen Binnenbeobachtungen zu Jes 35, die ihn zu der These führen, dieser Text sei erst durch einen nachinterpretierenden Zusatz V. 9b–10 zu einer Ankündigung der Heimkehr umgestaltet worden, der auch Textänderungen in V. 8–9a nach sich gezogen habe und wegen seines Überleitungscharakters zu Deuterojesaja mit der Verknüpfung von Jes 1–39 und Jes 40ff zusammenhängen könnte. *Hubmanns* Argumentation ist subtil und kann hier nicht in allen Details erörtert werden; doch bleibt ihr gegenüber Folgendes zu bedenken. Daß die Schlußaussage von Jes 35 an dieser Stelle und nicht in Jes 51 ursprünglich ist, haben wir schon gesehen,[10] desgleichen, daß *Hubmanns* allein stilistisch begründete Rekonstruktion des ursprünglichen Textes von V. 8–9a, so naheliegend sie für sich gesehen scheint, nicht überzeugt.[11] Und dies um so weniger, als sie sachlich von der entscheidenden

---

[7] Vgl. 35,1–2 mit 42,11–13; 41,18–20; 55,12f und vgl. 35,6b mit 43,19f; 48,20f; 49,9ff.

[8] Vgl. oben II Anm. 5.

[9] So *Vermeylen* 446.

[10] S. oben I Anm. 36.

[11] S. oben I Anm. 23.24.

Schwachstelle der These *Hubmanns* betroffen ist, auf die bereits *Kiesow*[12] hingewiesen hat: die Auffassung, daß V. 8 ursprünglich nicht von der Heimkehrstraße, sondern von einem Gebiet handle, dem paradiesische Zustände verheißen würden. Daß *Hubmann* seine Argumentation durchführt, ohne die Bezüge von Jes 35 zu Jes 32–34 und Jes 40 und ohne die Heimkehrwegimplikationen der Bezugstellen aus dem Zweiten Jesaja zu erörtern, sei am Rande ebenso noch erwähnt wie die unzureichenden Aufbaubestimmungen zu 35,1–4 und 35,5–7! Zwischen dem Kommen Gottes in V. 4, von dem m. E. in Jes 35 mit Bedacht gar nicht mehr unmittelbar gesprochen wird, und dem „Kommen der Menschen zu einem Ort, wo Gott anwesend gedacht ist"[13], eine Spannung finden zu wollen, erscheint grotesk. Daß schließlich erst ein Zusatz 35,9b–10 mit der Verknüpfung von Erstem und Zweitem Jesaja zusammenhängen soll, obwohl Jes 35 schon in V. 1–9a nach einhelligen Beobachtungen der Forschung von Bezügen zu Jes 40ff voll ist, macht *Hubmanns* These vollends unwahrscheinlich.

Noch einmal anders ist das Ergebnis der literarischen Analyse von Jes 35 bei *Kiesow*. Obwohl er durchgängig Textbezüge zu Jes 40ff feststellt, sieht er doch Anzeichen literarischer Uneinheitlichkeit des Kapitels. So soll V. 2b aus stilistischen und sachlichen Gründen eine Glosse sein,[14] und mit entsprechenden Gründen werden V. 3–6a einer Ergänzungsschicht zugewiesen.[15] So bleibt als Grundschicht Jes 35,1–2a.6b–10, für die die Funktion einer Einleitung zum Zweiten Jesaja erwogen wird, während die Ergänzung V. 3–6a zusammen mit Jes 34 möglicherweise in den Rahmen „der Zusammenfügung von Jes 1–33 und 40–66" gehört. *Kiesows* Argumentation ist im einzelnen wohldurchdacht und intern nicht leicht zu kritisieren. Die Wort- und Stilbezüge von Jes 35 sowohl in der Grund- wie in der Ergänzungsschicht zu Jes 34 erklärt *Kiesow* dadurch, daß er für 35,3–6a denselben Verfasser wie Jes 34 in Betracht zieht, der sich bei der Gestaltung von Jes 34 auch an Jes 35 Grundschicht orientiert habe.[16] Nach unserer Sicht freilich eine unzutreffende Annahme, weil sich die Aussagen von Jes 34 nicht aus einer Verwendung von Jes 35, sondern umgekehrt die Aussagen von Jes 35 nur aus einer Bezugnahme auf Jes (32–)34 und 40,1–11 erklären. Ist dies plausibel, dann läßt sich nicht nur

[12] 144f Anm. 8; vgl. zur Kritik an *Hubmann* auch *Ackroyd*, Isaiah 36–39, 8 Anm. 2.
[13] 34.
[14] 142–144.
[15] 143f.146f.151f.154f.
[16] 155f.

35,1–2 samt dem scheinbar anstößigen V. 2b aus dem – von *Kiesow* verkannten – Primärbezug auf 40,3–5 in Verbindung mit 34,2–4 verstehen, sondern auch das scheinbar isolierte Auftreten von 35,3–6a im Textablauf, dessen Primärbezug *Kiesow* in 40,1f statt in 40,9f sieht. Daß der gesamte Text von Jes 35 sich durchgängig in Wort-, Stil-, Sach- und Abfolgebeziehungen an Jes (32–)34 und Jes 40 orientiert und aus diesen Bezügen vor allem seine Aussagegestalt im ganzen und einzelnen gewinnt, und daß er Bezugnahmen auf Jes 32 und 33 sowohl in *Kiesows* Grund- wie Ergänzungsschicht aufweist, spricht m. E. entschieden auch gegen diesen Versuch, die literarische Integrität von Jes 35 zu bestreiten.

2. *Der redaktionsgeschichtliche Ort von Jes 35 im Jesajabuch*

Das Problem des redaktionsgeschichtlichen Ortes von Jes 35 innerhalb des Werdens von Großjesaja ist nur im Zusammenhang eines detaillierten Gesamtbildes vom redaktionellen Wachstum in Jes 1–66 zu klären. Von einem tragfähigen Konsens in dieser Hinsicht ist die gegenwärtige Forschung sowohl bei Jes 1–39[17] als auch erst recht bei Jes 40–66[18] noch weit entfernt. Eine wirklich zureichende Einordnung unseres Befundes zu Jes 35 in die Redaktionsgeschichte des Jesajabuches im ganzen ist somit zur Zeit nicht möglich, und im Zuge dessen muß auch auf eine genaue historische Ortsbestimmung dieses Kapitels in unserem Rahmen verzichtet werden.[19] Im folgenden soll deshalb nur versucht werden, auf der

[17] Vgl. die oben II Anm. 3 genannten Forscher sowie *Ackroyd*, Isaiah I–XII; *ders.*, Isaiah 36–39; *Rendtorff* 201ff.210ff.

[18] Vgl. die oben I Anm. 4 genannten Forscher sowie *Spykeboer, Ringgren, Rendtorff* 204ff; *Michel* für Deuterojesaja; für Tritojesaja vgl. neuerdings *D. Michel*, Zur Eigenart Tritojesajas (ThViat 10, 1965/66), Berlin 1966, 213–230 und *Pauritsch, Sehmsdorf, Hanson, Vermeylen* sowie Einleitungen in das AT, ferner unten III 2.4.

[19] Aus unseren Ergebnissen relativer redaktionsgeschichtlicher Bezüge von Jes 35 deutet der Befund, daß Jes 35 ein literarisches Corpus im Zweiten Jesaja voraussetzt, das sich zwischen Jes 40 und 62 verfolgen ließ, auf nachexilische Entstehungszeit. Theologiegeschichtlich bemerkenswert ist, daß Jes 35 weder von einer Position geprägt ist, die die eigene Gegenwart Israels noch ganz unter dem andauernden Gericht Jahwes sieht und die Heilswende einschließlich einer Jahwepräsenz in Jerusalem erst von der Zukunft erwartet (so die dtr. Tradition), noch von einer Position eines in gegenwärtigem Tempelkult und Tempelgemeinde bereits realisierten Heils ohne qualitative, eschatologische Erwartung (so nachexilische Psalmen, Priesterschrift, Chronik), sondern eine Zwischenposition – entsprechend der dann im Sirachbuch belegten – einnimmt: Jahwe ist für

Basis unseres Befundes redaktionsgeschichtliche Folgerungen und Abgrenzungen zu nennen sowie mit Hilfe zusätzlicher Beobachtungen Fragen in diese Richtung voranzutreiben und Vorschläge anzubieten.

Jes 35 als redaktioneller Brückentext zwischen dem Ersten und Zweiten Jesaja wahrgenommen zieht zunächst drei Folgerungen und Abgrenzungen nach sich. Einmal: Jes 35 war nie der Abschluß eines eigenständigen Protojesajabuches,[20] war also niemals älter als die Anfügung des Zweiten Jesaja und nie unabhängig von ihr. Sodann: Jes 35 war nie der Anfang eines eigenständigen Zweiten Jesaja,[21] hat also nie unabhängig von einer Protojesajaschrift bestanden. Schließlich: Jes 35 war nie Bestandteil einer „Kleinen Jesaja-Apokalypse" Jes 34–35, sofern diese als ursprünglich selbständige, neben der Jesajabuch-Überlieferung existierende Größe angesehen wird, die erst später integriert wurde.[22]

Welche redaktionsgeschichtlichen Fragen sind im Anschluß an unseren Befund zu stellen?

2.1 *Das Verhältnis zu Jes 34*

Vor allem bedarf das Verhältnis von Jes 35 zu Jes 34 der Klärung. Angesichts der beobachteten Brückenfunktion von Jes 35 liegt am nächsten, daß Jes 35 die Bezugstexte in seinem unmittelbaren Kontext wie im Bereich des Zweiten so auch in dem des Ersten Jesaja bereits vorgefunden hat. Dem steht allerdings die weitverbreitete, im Rahmen der These einer „Kleinen Jesaja-Apokalypse" vorgetragene Auffassung entgegen, daß Jes 34 denselben Verfasser wie Jes 35 hat,[23] was unseren Ergebnissen zufolge freilich nur heißen könnte, daß beide Kapitel derselben Jesaja-Redaktionsschicht angehören. Doch sind die vorgebrachten Gründe für eine ursprüngliche Zusammengehörigkeit von Jes 35 mit Jes 34 nicht eindeutig: Die ohnehin unsicheren Übereinstimmungen in Metrum und Stil sowie die unbestreitbaren Wort- und Sachbeziehungen zwischen Jes 34

Israel bereits wieder am Zion präsent (vgl. auch unten III 2.3 zu Jes 11), die geweissagte, umfassende Wende mit Völkergericht und definitivem Heilseintritt für Israel steht jedoch noch aus. Die typisierte Unterscheidung von „theokratischen" und „eschatologischen" Positionen (vgl. dazu skizzenhaft *Steck,* BThSt 49ff) ist also auch angesichts des Befundes in Jes 35 zu differenzieren.

[20] S. oben Hinführung Anm. 4.

[21] S. oben Hinführung Anm. 1.2.

[22] S. oben Hinführung Anm. 5.

[23] S. oben Hinführung Anm. 5.

und 35 lassen sich aus der ausdrücklichen Bezugnahme von Jes 35 auf Jes 34 verstehen. Bleibt die scheinbare Übereinstimmung in den Bezügen auf die Sprachwelt des Zweiten Jesaja;[24] aber die in der Forschung präsentierten Wortlisten reduzieren sich genau besehen auf einen einzigen, von *Vermeylen*[25] etwa auch allein angeführten Text aus dem Zweiten Jesaja, der für Jes 34 in Frage kommt: der Abschnitt Jes 63,1–6. Doch ist bei diesem Text[26] weder sicher, ob er als selbständiger oder als Tritojesaja-

---

[24] Vgl. Kommentare, *Cheyne* 207ff; *Caspari* 80; *Elliger*, Verhältnis 272ff; *Pope* 236ff; *Lutz* 84ff; *Kellermann* 177ff; *Vermeylen* 440. Abgesehen von Jes 63,1–6 stellen sich bei Durchsicht des aufgelisteten Materials folgende Überlegungen ein. 1) Es ist unbestreitbar, daß in Jes 34 vor allem in V. 1–8 Wortbezüge zu Formulierungen in Jes 40–66 gefunden werden können – nur: In den meisten Fällen bestehen diese Bezüge auch zu anderen prophetischen Komplexen, zu Jeremia, aber auch zu Ezechiel und Zefanja vor allem. Schon dies unterscheidet die angenommenen Bezüge von Jes 34 zum Zweiten Jesaja von den eindeutigen literarischen und redaktionellen Bezugnahmen auf diesen Bereich, die bei Jes 35 festzustellen waren. 2) Macht man sich von dem Phantom frei, die Verfasser spätprophetischer Texte hätten ihr Traditionsmaterial nur wie wir in der Biblia Hebraica gehabt, dann muß das einfache Bild literarischer Abhängigkeit – gemischt mit sprachlichen Qualitätsurteilen – zwischen den prophetischen Texten über Fremdvölker und Völkergericht zugunsten der Annahme einer Fremdvölkertopik prophetischer Sprachtradition überwunden werden; die Beziehungen können literarischer Art sein, müssen es aber nicht. Konkret: Jes 34 kann in Kenntnis von Zweitem Jesaja, Jeremia, Ezechiel, Zefanja formuliert sein oder umgekehrt, Jes 34 kann aber auch wie ebenso Jes 33 aus dem Reservoir derselben traditionellen Topik schöpfen. Vor allem ist, selbst wenn Jes 34 Texte aus dem Zweiten Jesaja kennt, nicht ausgemacht, daß damit auch eine Anbindung dessen an Protojesaja vorausgesetzt wäre; der Umgang mit dem Zweiten Jesaja ist in Jes 35 jedenfalls ein völlig anderer, was für Abtrennung von Jes 34 spricht. 3) Zur Veranschaulichung ein Blick auf 34,8: Vom „Tag der Rache" ist im Zweiten Jesaja – außer 63,4 – auch in 61,2 die Rede, aber in den Fremdvölkerorakeln des Jeremiabuches ebenso, zu deren Sprachwelt Jes 34 auch Bezüge hat, die durch den Zweiten Jesaja nicht gedeckt sind; zum parallelen „Jahr der Abgeltung" in 34,8 kann man – wieder außer der aber abweichend formulierten Stelle 63,4 – allenfalls auf „Jahr des Wohlgefallens (*šnt rṣwn*)" in Jes 61,2 verweisen, aber was macht diesen Bezug wahrscheinlich? Redaktionsgeschichtlich für 34,8 viel näher liegt als Grund für die Einführung von „Jahr (*šnh*)" neben „Tag (*jwm*)" ein Kontextbezug zum Voraufgehenden, zu der ebenfalls zionbezogenen Aussage 32,10, zumal Jes 34 auch sonst solche Bezüge zum Voraufgehenden aufweist; vgl. neben der gewichtigen Beziehung zu Jes 13 auch: 34,9/30,33 Schwefel; 34,5f/31,8 Schwert; 34,12/32,1 König, Fürsten; ferner den von *Vermeylen* 442 genannten Sachbezug von 34,11–15 auf 32,13f.

[25] 440 Anm. 3.

[26] Rechnet man mit einem literarischen Werden im Bereich Tritojesaja, dann wird 63,1–6 nicht dem ursprünglichen Bestand zugewiesen neuerdings von *Pauritsch* 144.245.253 und von *Vermeylen* 451ff, vgl. besonders 489ff.512.

Text Jes 34 vorgegeben war, noch, daß Jes 34 überhaupt der abhängige Teil in dieser Beziehung[27] ist; es gibt unter der Perspektive von gemeinsamen Wachstumsphasen des aus Erstem und Zweitem Jesaja verbundenen Buches Anzeichen, daß das Verhältnis umgekehrt zu sehen ist und demnach Jes 63,1–6 unter Benutzung weiterer Prophetenstellen auch mit Bezugnahme auf Jes 34 hinter 62,10–12 angefügt wurde.[28]

Vorweg ist zu sagen, daß Jes 63,1–6 schwerlich auf einen älteren Text über das Edomgericht ohne Völkergericht (63,1–5) zurückgeführt werden kann (zu *Kellermann* 158f): V.6 greift wie schon V.5 auf V.3 zurück, die Aussage V. 3aβγ („und ich ‚zertrat' sie in meinem Zorn und ‚zerstampfte' sie in meinem Grimm") kann gemäß dem Zusammenhang nicht auf die im Text ungenannten Bewohner Edoms und Bosras gehen (so *Kellermann* 154), sondern nur auf den zuvor genannten Plural „Völker (*ᶜmjm*)"; auch kann die Metapher vom Keltertreten, die Jes 63 prägt, in prophetischer Tradition nicht von ihrer Verbindung mit dem Völkergericht getrennt werden (Jer 25,30, vgl. Joel 4,13). Die scheinbar konkurrierende Sicht mangelnder Mithilfe der Völker in V. 3aα.5a ist Aufnahme von 59,16a und dient der Hervorhebung der Alleinwirksamkeit Jahwes. Der seltsame Befund, daß Jes 63 nicht von einem Jahwegericht an Edom, sondern von einem Völkergericht Jahwes in Edom und Bosra handelt, ist überhaupt nur verständlich, wenn man Jes 34 kennt. Schon dies legt nahe, daß Jes 63 ein großjesajanischer Redaktionstext ist, der Jes 34 voraussetzt, wo dieses Völkergericht in Edom ausgeführt ist; so werden der Herkunftsort Jahwes in 63,1 und die scheinbar unvermittelte Aussage vom Völkergericht in V.3 in einem begreiflich. Gegen eine Einwirkung von Jes 63 auf Jes 34 mag weiter geltend gemacht werden, daß, wie unten zu zeigen ist, die wichtigen Bezüge zwischen beiden Texten (63,1/34,6; 63,4/34,8; auch 63,6/34,7) in Jes 34 wahrscheinlich einer Grundschicht zugehören, die noch gar kein Völkergericht kennt, ferner, daß andernfalls unerklärlich bleibt, warum sich Jes 34 nicht der Metaphern von Jes 63 bedient. Vor allem aber ist zu bedenken, daß Jes 63 Vorgänge in der Situation des bereits geschehenen Völkergerichts weissagt (zu den präteritalen Verbformen z.T. gegen MT s. Kommentare; *Kellermann* 144f): Jes 63 weissagt also einen Schlußakt vollzogener Erfüllung von Jes 34! Wenn *Kellermann* mit der Deutung von 63,1b „Wahrheit reden" Recht hat, ist dieser Aspekt sogar im Text selbst verankert worden.

In dieselbe Richtung weist die Beobachtung, daß Jes 63,1–6 gegenüber dem vorangehenden tritojesajanischen Kontext eine Anfügung darstellt. Jes 63,1–6 greift auf den im vorliegenden Zusammenhang aufbauparallelen (s. *Rendtorff* 208) Abschnitt 59,15–21 zurück, wie die aufgenommenen Worte und Wendungen zeigen (vgl. dazu Kommentare, *Kellermann* 147ff; *Hanson* 202ff), und

---

[27] Das ist allerdings die herrschende Meinung, bedingt durch die Annahme eines besonderen Komplexes „Tritojesaja", der älter als Jes 34 sein müsse, oder so vage und unzutreffend begründet wie bei *Kellermann* 159f mit dem „originelleren Eindruck", den Jes 63 macht und der „Abhängigkeit von der schriftprophetischen Überlieferung" in Jes 34 – als ob dies bei Jes 63 nicht gegeben sei!

[28] Zu 63,1–6 vgl. neuerdings besonders *Kellermann* 144–162.420–422.

ersetzt im Zuge dessen (vgl. 59,(17.)20) auch das in 34,8 vorgefundene Wort „Abgeltung (*šlwmjm*)", das im Tritojesajabereich fehlt (s. *Elliger*, Verhältnis 275f), durch das Wort „Blutrache (*g'wlj*)". Im älteren Kontext Jes 60–62 aber ist von Völkervernichtung nicht die Rede, vgl. vielmehr 60,6ff.10ff.16; 61,5.6.9.11; 62,2.8. Ob es sich bei 63,1–6 um dieselbe großjesajanische Schicht wie Jes 35 handelt, mit der Jes 63 die Völkerposition teilt, oder um eine jüngere, die dann eine chiastische Inklusion Jes 34/35 – Jes 62,10–12/63,1–6 anstrebte, hängt an der Frage der redaktionellen Position von Jes 62,10–12; s. dazu unten. Die redaktionsgeschichtliche Einordnung von 63,1–6 durch *Vermeylen* trifft nicht zu; 60,14–16, das die (dienende) Existenz der Völker noch voraussetzt, kann nicht dieselbe Schicht wie 63,1–6 sein.

Auf der anderen Seite gibt es auch von Jes 34 aus gesehen Beobachtungen, die dafür sprechen, daß nicht dieselbe Redaktionsschicht wie Jes 35 vorliegt. So zeigt Jes 34 nirgends eben die Eigenart direkter literarischer Bezugnahme auf den Zweiten Jesaja, wie wir es bei Jes 35 angetroffen haben, und daß Jes 34 wie Jes 35 auf eine Ebene mit der Anfügung des Zweiten Jesaja gehört, wird vom Text selbst nicht nahegelegt. Auch weist Jes 35 zwar auf Jes 34 zurück, Jes 34 aber nicht auf Jes 35 vor, im Gegenteil: Die ewige Verwüstung des Terrains in Jes 34 widerspricht den Intentionen von Jes 35 und ruft die dort geweissagte zeitliche Begrenzung hervor. Weiter muß man in Betracht ziehen, daß Jes 34 und 35 nicht nur, wie vielfach betont, einer stilistischen Verbindung entbehren, sondern auch eines thematisch stimmigen Zusammenhanges, der sich zugunsten ursprünglicher Zusammengehörigkeit geltend machen ließe: Es wird ja nicht die Verwüstung Edoms dem blühenden Land Israel entgegengesetzt, sondern ein im Bereich Edoms konkretisiertes Weltgericht Vorgängen der Heimkehr Israels, deren Ziel Zion nur eben am Ende in 35,10 erwähnt wird. Das sachliche Verhältnis von Jes 35 zu Jes 34 ist, wie wir sahen, vielmehr das einer partiellen Korrektur hinsichtlich des Zustandes des Terrains und dessen Dauer!
Schließlich gibt es Beobachtungen, die darauf weisen, daß Jes 34 schon in sich nicht einheitlich ist. So ist wahrscheinlich die rätselvolle Schlußpassage 34,16–17 ein Zusatz, der das Eintreffen des zuvor geweissagten Edomgerichts konstatiert und als Jahwetat anhand schriftlicher Überlieferung herausstellt.[29] Vor allem aber erscheint 34,2–4 als Zusatz, der das Edomgericht in ein umfassendes Weltgericht ausweitet.[30]

---

[29] Literarkritische Operationen an diesem schwierigen Text sind durchweg zweifelhaft. Für V.16–17 im vorliegenden Umfang als Zusatz sprechen die Anrede an die Leser (V.16), die nicht die Völker von 34,1 sein können, und die Wortrückbezüge auf 34,15.11.10. Die wörtlichen und sachlichen Rückverweise zeigen, daß 34,16f das unmittelbar Vorangehende qualifizieren soll; schon deshalb ist

Ein Blick in die Sekundärliteratur zeigt, daß die Verbindung von Völkergericht und Edomgericht das Hauptproblem von Jes 34 darstellt, für das sich eine zureichende Lösung noch nicht hat finden lassen; man vergleiche nur die Bemühungen neuerdings bei *Lutz* 84ff; *Kellermann*, besonders 197ff; *Wildberger* III zSt. Am Text fallen in diesem Zusammenhang folgende Beobachtungen auf. 1) In Jes 34 ist Edom nicht nur wie in Jes 63,1–6 Stätte des Völkergerichts, die Edomiter und ihr Land sind vielmehr parallel zu den Völkern Gegenstand des Gerichts (vgl. V. 2 mit V. 5–6; V. 3 mit V. 7). 2) Im sachlichen Ablauf folgen die Aussagen über das Völkergericht (V. 2–4) und das Edomgericht nicht aufeinander, sondern stehen parallel; nachdem V. 3f für die Völker bereits bei den Folgen des Gerichts angelangt ist, setzen V. 5f für Edom erneut mit dem Einschreiten Jahwes zum Gericht ein; die Folgen werden dann V. 7.9ff geboten. Anders gesagt: Mit V. 3f ist bereits die Vernichtung aller Völker ausgesagt, V. 5ff aber greifen dahinter zurück und weissagen noch einmal den Gerichtsvorgang in seinem ganzen Ablauf – nun speziell für Edom, ohne daß V. 2–4 vorausgesetzt wäre. Dieser Befund unterscheidet Jes 34 von Völker-Edom-Aussagen wie Am 9,12 und Joel 4,19. 3) Zwischen beiden Aussagereihen bestehen wiederholende Wortbezüge („Bann (*ḥrm*)" V. 2.5; „Abschlachtung (*ṭbḥ*)" V. 2.6b), aber auch Unterschiede: Das Völkergericht ist als Profanschlachtung („Abschlachtung (*ṭbḥ*)"), das Edomgericht als sakrale Opferschlachtung („Schlachtopfer (*zbḥ*)") dargestellt, vgl. *Lutz* 87ff; das Völkergericht wirkt sich bis in kosmische Bereiche aus, V. 5ff bleiben im Edombereich; das Schwert Jahwes wird in V. 5 neu eingeführt – gemäß dem Kontext (V. 4) am aufgerollten Himmel! 4) Innerhalb der Völkeraussagen von Jes 34 besteht nachgerade ein Widerspruch: 34,1 ist in dieser Hinsicht mit 34,2–4 unvereinbar. In 34,1 werden die Völker nicht gerichtlich vorgeladen, um die sie betreffende Verurteilung zu hören (so *Kaiser*, Jes. 13–39, 282), denn: Die Parallelaussage V. 1b paßt nicht zu einer Gerichtsvorladung, die aufgeführten Deuterojesaja-Parallelen bieten andere Verben, in der Gerichtssprache ist „sich nahen (*qrb*)" nicht mit „hören (*šmʿ*)" verbunden. In 34,1 tritt aber Jahwe auch nicht als Zeuge und Ankläger gegen die Völker auf (so *Wolff*, Micha 14.24), denn: Wieder ist auf V. 1b hinzuweisen, sowie darauf, daß die Belege von *Wolff* (Mi 1,2; Jes 51,4f;

---

am wahrscheinlichsten, daß in dem eigentümlichen Wechsel von Feminin- und Maskulinformen auf die nichtmenschlichen Wesen in V.11–15 verwiesen wird, die Edom künftig bevölkern sollen. Die Rahmensätze von V.16 – V.16aα und V.16b – betonen ebenso wie die Formulierung von V.17, daß es Jahwe ist, der diese Vorgänge hat eintreten lassen; dem dient der Hinweis auf das „Buch Jahwes", das doch schwerlich anderes als ein protojesajanisches Jesajabuch meinen kann. Dann bezweckt dieser Hinweis, mit dem Hinblick auf Jes 34 selbst (oder eher noch auf die entsprechenden Aussagen in Jes 13) und die Realität des inzwischen verwüsteten Stammlandes Edom die Urheberschaft Jahwes zu unterstreichen und die unaufhörliche Dauer des Zustands zu betonen. Der Zusatz ist in seinem spezifischen Bezug auf Jes 34 und die Aussagen über das Edomterrain dort als solcher zwar jünger als die Grundschicht, aber älter als die Ausweitung auf das Völkergericht (V.2–4) und älter als das auf Jes 34,1–15 bezogene Kapitel 35, das das Rachegericht an der Völkerwelt noch erwartet.

[30] Anders jedoch *Wildberger* III 1331.

Jer 31,10f; 25,30f) zweifelhaft sind und diese Aussagekontur nicht belegen. Dies hat *Wildberger* III 1331 für 34,1 gesehen, seine Lösung für V. 2–4 aber ist unzutreffend: Die Aussagen können nicht nur „rhetorischer Hintergrund“ für das Edomgericht sein und *Wildbergers* Hinweis auf Ri 5,4; Mi 1,3f verfinge nur dann, wenn der Anfang von Jes 34 lediglich aus V. 1.3b.4a bestünde; statt eines Völkergerichts bieten Ri 5,4; Mi 1,3f Erscheinungen in der Natur, die keine Gerichtshandlungen an Schuldigen sind, sondern Begleiterscheinungen der Macht des kommenden Jahwe! In Jes 34,1 ist keine Redeweise aus dem Gerichtsverfahren verwendet, vielmehr wird hier ein auf die Völker und die Erde gerichteter Lehrvorgang exponiert (so treffend *Kellermann* 178f)! Vgl. für die Verbindung „sich nahen (*qrb*)“/„hören (*šmᶜ*)“ Dtn 5,24(.27) und für die Parallelität von „aufmerken (*hqšjb*)“/„hören (*šmᶜ*)“, die sich wechselnd mit „hinhören (*h'zjn*)“/„hören (*šmᶜ*)“ findet, die weisheitlichen und prophetisch adaptierten Belege, die *Wolff* (Hosea 122f) für diese Lehreröffnungsformel bietet, die sich auch sonst in bezug auf Völker, Himmel, Erde und konstruiert mit nachfolgendem „denn (*kj*)“ (vgl. 34,5) findet. Das heißt: In 34,1 wird ein Lehrgeschehen eröffnet, Lehre soll im folgenden zu wissen getan werden – den Völkern im Blick auf die Vernichtung des Volkes von Edom (V. 5(ff)), der Erde und ihrer natürlichen Ausstattung im Blick auf die Verwüstung des Landes Edom (V. 7b.9ff). Die Rolle der Völker, Lehre entgegenzunehmen, und die Völker als Objekt des Vernichtungsgerichts schließen sich ursprünglich aus! Aus alledem scheint mir der Schluß unausweichlich, daß V. 2–4 als Zusatz zu dem ursprünglichen Text 34,1.5–15 anzusehen ist. Dieser Zusatz, für den analoge literarische Erscheinungen in Obd 1–14.15b gegenüber Obd 15a.16ff und in Ez 36,5 in Betracht zu ziehen sind, hat dann natürlich Rückwirkungen auf die Bedeutung von V. 1 und bewirkt eine Sinnausweitung von V. 5ff möglicherweise so, daß nun das Völkergericht wie dann in 63,1–6 als in Edom stattfindend vorgestellt wird (vgl. *Kellermann* 200). Angesichts der Parallelerscheinungen in Jes 13 (s. unten III Anm. 31) liegt es nahe, diese Erweiterung von 34,1.5–15.16f um V. 2–4 mit einer redaktionellen Hinsicht auf den Fremdvölkerabschnitt in Protojesaja zu verbinden, vgl. die entsprechende Überlegung von *Wolff*, Micha 24 für Mi 1 im Blick auf Mi 4–5.

Eine Verwendung von Ez 39,1–5.17–20 (vgl. dazu *Lutz* 88f; *Kellermann* 181ff) in Jes 34 ist kein Einwand gegen unsere literarkritische Sicht – im Gegenteil: Wortbeziehungen bestehen überhaupt nur zur Grundschicht und gerade nicht zu V. 2–4! Doch ist selbst da literarische Abhängigkeit fraglich; das nach *Lutz* 89 entscheidende „Schlachtopfermotiv“ findet sich eben auch sonst in prophetischer Sprachtradition (vgl. Jer 46,10 (+ Tag der Rache, Schwert, Blut); (46,14; 47,6; 48,2.10; 50,16.35ff; 51,50 nur Schwert); Zef 1,7f! – ebenso wie „Abschlachtung (*ṭbḥ*)“). Vgl. im übrigen die methodische Bemerkung oben III Anm. 24. Redaktionsgeschichtlich ist außerdem Jes 30,27–33 in Betracht zu ziehen.

Zu dieser Ausweitung des Edomgerichts in ein Weltgericht durch Jes 34,2–4 sind parallele Beobachtungen zu Jes 13 zu beachten.[31] Allenfalls

[31] Gegen den Einspruch *Wildbergers* (III 1331) behält angesichts des literarkritischen Befundes in Jes 34 die Auffassung große Wahrscheinlichkeit, daß auch in

für die Ergänzung 34,2–4 kann man fragen, ob diese Ausweitung nicht redaktionsgeschichtlich mit Jes 35 zusammengehört[32] und sich auch in Jes 24–27 verfolgen läßt; für den Großteil von Jes 34 aber gelten die Hinweise, die gegen einen ursprünglichen Zusammenhang mit Jes 35 sprechen. – Bei der Frage, wohin eine V. 1.5–15 umfassende Grundschicht in Jes 34 redaktionsgeschichtlich zu stellen wäre, lassen sich Beobachtungen nennen, die auf diese Grundschicht als ursprüngliche Fortsetzung von Jes 33,1–13.*17ff deuten.[33]

Zwischen dem Kapitel Jes 33, in dem außer in V. 21ff (s. oben I Anm. 28) auch für V. 14–16 mit jüngeren Zufügungen zu rechnen ist (vgl. ähnlich *Vermeylen* 432f.437f), und Jes 34 gibt es zwar kaum unmittelbare Wort- und Sachbeziehungen (vgl. aber immerhin 34,9f.(5–7)/33,11f Feuergericht; 34,10bβ/33,8), für ursprünglichen Zusammenhang spricht aber Folgendes. 1) Die Aufforderung 33,13 hat vorausweisenden Charakter; was „die Nahen", nämlich das Zionvolk, als Jahwes Stärke erkennen sollen, wird inklusiv zunächst entfaltet – in 33,17ff; was „die Fernen", nämlich die mit Lehre bedachten Völker 34,1, vom Tun Jahwes hören sollen, folgt anschließend – 34,1.5–15, wodurch sich auch die Formulierung von 34,1 erklärt (vgl. „hören (*šmᶜ*)" auch in 33,13 und die Aufforderung „naht euch (*qrbw*)" an „die Fernen"). Ferner ist 33,13 innerhalb der „prophetisch-liturgischen" Gestaltung von Jes 33 (V.1 Wort gegen Feindvolk (vgl. Mi 7,8), V. 2–4 Bitte mit Anrede, Vertrauensäußerung usw., V. 5–*6 Erhörungsgewißheit, V. 7–9 Klage, V. 10–12 Gottesantwort) der Aufmerksam-

---

Jes 13 eine Grundschicht noch nicht vom Weltgericht, sondern von der Vernichtung Babels mit Hilfe der Völker in einem Mederansturm handelt; ihr wäre 13,2–5.17–22 zuzurechnen, wobei die Zugehörigkeit von V.5 davon abhängt, daß man *kl-h'rṣ* vom ganzen Land (vgl. V.19–22) statt von der ganzen Erde zu verstehen hat. Diese Grundschicht zeigt sich in Wort-, Sach- und Stil-Beziehungen („dort [*šm*]"!) auffallend parallel zu Aussagen in der Grundschicht von Jes 34, vgl. vor allem 13,19–22 mit 34,9–15 und dazu *Vermeylen* 440f. In der Grundschicht von Jes 13 schließt sich im Rahmen der Aussagen vom Heranzug der göttlich aufgebotenen Vernichtungsmacht gegen Babel V.17 unmittelbar an V.5 (oder V.4) an. Die Ergänzungsschicht V.6–16 unterbricht mit der Anrede an die Gerichtsbetroffenen diesen Zusammenhang; sie handelt im Gegensatz zur Grundschicht nicht nur von Babel und faßt die Völker nicht als Gerichtswerkzeuge Jahwes – sie handelt von einem Weltgericht bezüglich aller dieser Menschen mit kosmischen Auswirkungen – entsprechend der Ergänzungsschicht 34,2–4!

[32] Dafür könnte sprechen, daß diese Völkergerichtsperspektive voll mit Jes 35 übereinstimmt, daß sich so (vgl. die Betonung von „unrein [*ṭm'*]" in 35,8) erklärt, warum der Zusatz die Opferschlachtung im Edomgericht der Grundschicht von Jes 34 durch die Metapher der Profanschlachtung ersetzt und warum in 34,2 Zornbegriffe verwendet werden, die dann im Zweiten Jesaja wieder auftreten; hinzu kommen redaktionsgeschichtliche Erwägungen. s. dazu unten.

[33] Zu V.21ff s. oben I Anm. 28.

keitsruf aus der Danklied-Erzählung (vgl. Ps 66,16, auch Ps 49,2), den Jahwe hier selbst ergehen läßt und der eine Ausführung fordert, die dann, wie oben dargestellt, in V. 17–21aα samt Erhörungsgewißheit in V. 22 und in 34,1.5ff prophetisch ausgeführt wird. 2) Da das Feindvolk, dessen Vernichtung Jes 33 ankündigt, mit größter Wahrscheinlichkeit Babel ist (vgl. besonders die Beziehung 33,1/21,2), wegen 33,19 jedenfalls sicher nicht Edom, ergibt sich für den Zusammenhang Jes *33–34 die Konstellation Babel – Edom; vgl. zu dieser Ps 137,7–9 (beachte Ps 137,7/Jes 34,8 Jerusalem/Zion und Ps 137,8/Jes 33,1 „Verwüsten (*šdd*)"); Jes 21,1–10.11–17, sowie zur Schlußposition Edoms Jes 21,11–17; Ez 35; Klgl 4,21f und zur Gattungstradition Ps 12,9; 14,6. – Beachtet man angesichts dieses Zusammenhanges von Jes *33–34, daß sowohl Jes 34 (s. oben III Anm. 24) als auch Jes 33 (vgl. außer V. 1 mit 21,2 auch V. 5f mit 32,15ff – „Recht (*mšpṭ*)" und „Gerechtigkeit (*ṣdqh*)" sind in Zion bereits wieder präsent für 33,5f, „Friede (*šlwm*)" und „Sicherheit (*šʾnn*)" stehen noch aus und werden in Jes 33 geweissagt –; V. 17ff mit 32,18) Rückbezüge zum voraufgehenden Kontext aufweisen, so zeigt sich von neuer Seite, daß Jes 34 nichts mit dem „Diptychon" einer ehedem selbständigen „Kleinen Jesaja-Apokalypse" zu tun hat; Jes *33f gehören vielmehr einer protojesajanischen Redaktionsschicht zu. Ist Jes *33f quasi eine Ausführung von Ps 137 und Klgl 4,21f? Jedenfalls ist es das weitaus Nächstliegende, in Jes *33 Grundschicht die Feindmacht angesichts des Bezuges zu Jes 21 real als das zu Ende gehende Neubabylonische Reich zu nehmen und in der Grundschicht von Jes *34 Edom als das Edomiterreich im Blick auf sein Stammland; von einem edomitischen Ausgriff nach Südjuda ist noch keine Rede.

Liegt in dieser zusammenhängenden Passage Jes *33,1–34,15(17) der letzte Abschluß im Werden einer noch eigenständigen Protojesaja-Überlieferung vor? Jes 34,16 könnte dafür sprechen,[34] ebenso die Inklusionen, die Jes *33f zum Anfang von Protojesaja[35] und mehrstufig zum Fremdvölkerabschnitt[36] in Protojesaja bilden; nimmt man hinzu, daß insbeson-

[34] Vgl. zum „Buch Jahwes" oben III Anm. 29 und zur Sache schon *Elliger*, Verhältnis 278 (allerdings für Jes 34f!).

[35] Beachte vor allem die Bezüge 33,5 zu 2,11.17; 1,21; 33,11 zu 5,24; sowie vielleicht auch 34,9f zu 1,7.9.10ff.

[36] Das ursprüngliche genetische Verhältnis zwischen Jes 13, Jes 21 und Jes 33f bleibe hier unerörtert. Achtet man auf inklusive Relationen und die Schichtendifferenzierung in Jes 13 und Jes 34, so ergeben sich redaktionsgeschichtlich bezeichnende Beziehungen von zwei oder drei Stufen: 1) eine möglicherweise relativ älteste Beziehung ergibt sich für Jes 13 Grundschicht zu Jes 21,1–10: Rahmung einer Fremdvölkerorakelsammlung, der durch 21,11 ein sonst fehlendes Edom-Orakel in Schlußposition beigegeben ist; nimmt Jes *33–34 darauf Bezug, ist es an der Gestaltung beteiligt? 2) Jedenfalls markieren die eklatanten Querbeziehungen zwischen Jes 13 Grundschicht und Jes 34 Grundschicht, der in Jes 33 eine Aussage über die Befreiung vom Feind Babel vorangeht, einen redaktionellen Rahmen, der einen Fremdvölkerteil umschließt mit der typischen, hier positionellen Hervorhebung von Babel und Edom, ersteres im Licht

dere Jes 33 Beziehungen zu den Jesaja-Erzählungen zeigt,[37] und rechnet man die Anfügung von Jes 36–39 zur selben Abschlußschicht, so wiese dieses Protojesajabuch eine Abschluß- und wohl auch Gesamtkontur wie das in LXX überlieferte Jeremiabuch auf.[38] War hingegen Jes *34 einmal

---

der Verzögerungsproblematik gesehen, vgl. 13,22b; 33,1; man beachte auch, daß Jes 13 und Jes 34 keine ausgeführten Anschuldigungen gegen Babel bzw. Edom enthalten; 3) demgegenüber jünger ist derselbe Rückbezug von Jes 34 auf Jes 13 im Lichte eines Weltgerichts, wie es die Erweiterungen in Jes 13 und 34 hervorheben; gemäß der oben erwogenen Zuweisung von 34,2–4 – und damit auch 13,6–16 – zur Schicht von Jes 35 handelte es sich hier um eine großjesajanische Schicht. Wahrscheinlich gehören diese Erweiterungen schon mit dem inzwischen zugewachsenen Komplex *24–27 zusammen, der seinerseits auf die protojesajanischen Kontexte vor sich (z.B. Jes 17; zu den Stadtaussagen vgl. besonders Jes 22f) und vor allem nach sich (28ff, besonders *33–34) Bezug nimmt – in einem Ausmaß, das die Prüfung der Frage herausfordert, ob Jes 24–27 statt ein Sonderstück zu sein nicht auch als ein – in sich wachsender – Redaktionstext anzusehen ist, der aus dem Werden des Jesajabuches zu erklären ist!

[37] Das Modell für die konkreten Aussagen scheinen mir, wie die ältere Forschung gesehen hat (vgl. *Dillmann* zSt.; *von Orelli* zSt.; *Cheyne* 167), die Aussagen 2 Kön 18,13ff zu sein, allerdings in exilischer Sicht und nicht auf Sanherib, sondern – in typischem, exemplarischem und darum übertragbarem Sinne erfaßt – auf Babel bezogen, vgl. dazu *Childs,* Crisis 112ff und die Übertragung in Jes 14! Außerdem zeigt Jes 33 auch sonst Kenntnis der Jesaja-Erzählungen; in Betracht zu ziehen ist: Jes 36,1/33,8; 36,4ff/33,2ff (Jahwe allein!); 36,10/33,1; 36,11/33,19; 37,3/33,2; 37,16ff/33,2ff; 37,11/34,5; 37,16/33,3; 37,18/33,7–9; 37,20/33,13; 37,22/33,5.20; 37,23/33,17ff; 37,24/33,9; 37,25/33,9; 37,25/33,21.23 (Ägypten); 37,26/33,8; 37,27/33,9; 37,27/33,20 (*šʾnn*); 37,30ff/33,20 (*nwh*); 38,1/33,24; 38,12/33,20; 38,13/33,2; 38,17/33,24; 39,2ff/33,6. – Ob daraus folgt, daß der Schicht Jes *33–34 im Grundbestand auch die Anfügung von Jes 36–39 zugehört, ist unsicher; die auffallende Auslassung von 2 Kön 18,14–16 – ausgerechnet der Passage, die bereits in Jes 33 als Modell verwendet worden ist – bei der Anfügung von 2 Kön 18,13ff als Jes 36 könnte dafür sprechen. Doch kann bei einem Abschluß mit Jes 34,15(17) auch eine wenig jüngere Anfügung der Jesaja-Erzählungen noch um diese Zusammenhänge gewußt haben. Läßt sich 2 Chr 32,32 (vgl. LXX) für eine Trennung von Protojesaja und Jesaja-Erzählungen (in 2 Kön und noch nicht in Jes) auswerten? Rechnet man wie wir mit einer großjesajanischen Redaktionsschicht, innerhalb deren Jes 33.34(Erweiterungsschicht).35 mit Vorblick auf 40.41ff zusammengestanden haben, dann muß die Anfügung der Jesaja-Erzählungen älter als diese Schicht sein; denn: Warum Jes 36–39 in einen bestehenden, unmittelbaren literarischen Zusammenhang Jes 35.40 dazwischen geschoben worden sein sollte, ist völlig unerfindlich, und dazu stimmt, daß sich zwischen Jes 35 und Jes 36–39 keinerlei direkte Bezüge feststellen lassen.

[38] Vgl. die Übereinstimmung in drei großen Aufbauteilen: 1) Worte bezüglich des Gottesvolkes Jes *1–11 bzw. LXXJer 1,1–25,13 (vgl. zu LXXJer 25,13 *Schen-*

der Abschluß von Protojesaja, so ergäbe sich eine Entsprechung zur Anlage des Jeremiabuches im MT.[39] Die jedenfalls durch Jes 35 überbrückte Anfügung von Jes 40ff schließlich läßt eine Großjesaja-Überlieferung entstehen, die der Anlage des Ezechiel- und vielleicht des Zefanjabuches entspräche.[40] Auch wenn Jes 35 nicht nur Jes 34, sondern daran anschließend auch Jes 36–39 als Abschluß von Protojesaja vor sich gehabt hat, ist die Position dieser Brücke nach Jes 34 und nicht nach Jes 39 und unmittelbar vor Jes 40 schon verständlich: Protojesaja wurde eben an

---

ker 511ff); 2) Worte bezüglich der Fremdvölker Jes *13–34 bzw. LXXJer 25,14–32,13–38 (= MT Bestand Jer 46–51 + 25,15–38); 3) Prophetenerzählungen Jes 36–39 bzw. LXXJer 33–51(52) (= MTJer 26–45(52)). Ist diese Makrostruktur in LXXJeremia eine Umgestaltung von MTJeremia (so z.B. *Smend* 157, vgl. aber *Schenker*), liegt als Modell dafür Protojesaja in der entsprechenden Anlage nahe. Der Abschluß mit Prophetenerzählungen zeigt Interesse am Propheten als Gestalt (vgl. Sir 48,22–25 und zu diesem Aspekt im Werden von Protojesaja *Ackroyd,* Isaiah I–XII), entsprechend sind für die Anlage von Protojesaja in dieser Fassung gemäß der Überschrift 1,1 die judäischen Könige, unter denen Jesaja wirkt, wichtig, vgl. 6,1(Usija); 7 und 14,28(Ahas), das Folgende dann unter Hiskija gedacht (in 36–39 ausdrücklich erwähnt).

[39] Auch aufgrund unserer Überlegungen zu einem Abschluß von Protojesaja mit Jes *34 ist dies gegenüber Jes *1–39 der ältere Typ. Er ist in seiner Makrostruktur MTJeremia zur Seite zu stellen und weist nur die beiden ersten Teile der dreiteiligen Gestalt des Typs Jes *1–39 bzw. LXXJeremia auf, vgl. die in Jer 1,4–2,3 exponierte Anlage in zwei Teilen, inklusiv gestaltet: 1,4–10 Völkerprophet entspricht Jer 46–51; 1,11–2,3 Israelprophet entspricht Jer 2,4–Kap. 45. Entsprechend die Zweiteilung von Protojesaja: Worte bezüglich des Gottesvolkes in Jes *1–11; Worte bezüglich der Fremdvölker in Jes *13–34. Parallel wäre auch Ez 1–39. Da wir in Jes 33f Inklusionsbezüge zum Anfang von Protojesaja finden, gehört wohl auch die Bildung von Jes 1 als Anfang des Buches auf diese große, redaktionelle Ebene; Jes 1 steht als programmatische Einleitung (vgl. *Barth* 217ff.286f) nach dem Vorbild von Jer 1,4–2,3 und gegebenenfalls Ez 1,1–3,21. In der Aufbaustruktur mit Erzählungen am Ende und in der zweiteiligen, die wir hier erörtern, ist der jeweils erste Teil schwerlich als Zusammenstellung der „Unheilsworte gegen das eigene Volk" gedacht! Den Großaufbau bestimmt vielmehr die dominierende Redeperspektive: Gottesvolk oder Fremdvolk! Zeitlich wäre diese Redaktion noch vor 539 v.Chr. anzusetzen, s. oben zur Datierung des Zusammenhangs Jes *33–34 Grundschicht!

[40] Auf dieser in Jes 35 greifbaren, die III Anm. 39.38 genannten Gestaltungen von Protojesaja ergänzenden, nunmehr großjesajanischen Redaktionsstufe besteht Übereinstimmung neben den beiden ersten Teilen mit der Ezechielanlage in einem angefügten dritten Teil: Ez 40–48 findet seine Entsprechung in Jes 35 samt Jes 40ff, vgl. Zef 3,9–20. Zur Umgrenzung der beiden voraufgehenden Teile s. unten, zur zeitlichen Ansetzung dieser Stufe s. unten IV. Daß der Anlage des Ezechielbuches dabei Modellcharakter zukam, erwägt *Zimmerli,* ThLZ 1979, 491f.

dieser Stelle um Jes 35 im Blick auf die Anfügung von Jes 40ff fortgeschrieben, um die zeitliche Eingrenzung von Jes 34 zu fixieren, die für Jes 35 im Blick auf Jes 40ff im Ablauf der Heilswende für die Heimkehr Israels notwendig ist. Jes 36–39 aber wurde jetzt offenbar als Verbürgung der Rettung betrachtet, von der Jes 33 und 35,4 sprechen, die ihrerseits die Voraussetzung der eschatologischen Heimkehr ist, in der Jes 35 den zentralen Inhalt der Weissagungen von Jes 40ff gesehen hat.[41]

2.2 *Das Verhältnis zu Jes 40ff*

Eine zweite Frage im Anschluß an unseren Befund ist die, ob mit Jes 35 die Ebene faßbar wird, auf der Erster und Zweiter Jesaja erstmals verknüpft wurden. Gewiß ist Jes 35 derjenige Text, der die beiden Logientexte am Ende und Anfang dieser Verknüpfung theologisch reflektierend ausdrücklich überbrückt; die Verknüpfung selbst könnte jedoch älter sein. Zu diskutieren ist in dieser Hinsicht mit vagem Anhalt[42] Jes 34,16f; doch sind die Aussagen rein rückwärts auf Jes 34 gerichtet und somit schwerlich Indiz einer älteren Verknüpfung. Ferner ist zu erörtern, ob gegebenenfalls Jes 36–39 eine ältere Verbindung anzeigen.[43] Doch gibt es keine zwingenden Indizien dafür; deshalb ist zu fragen, ob diese Zufügung wirklich dem Übergang zu Jes 40ff dienen sollte oder – zunächst nur zu Protojesaja gefügt – sekundär auch dazu dienen konnte (vgl. Jes 39,1–8 = 2 Kön 20,12–19). Daß Jes 35 nicht nur die beste, sondern auch die erste Brücke zwischen Erstem und Zweitem Jesaja ist, ist bei weitem das Nächstliegende.

Den Abschluß unserer Einzeluntersuchung zu Jes 35 bilden nun redaktionsgeschichtliche Fragen auf Grund unseres Befundes, die sich auf weitere Spuren der in Jes 35 vorgefundenen Redaktionsschicht innerhalb von Großjesaja beziehen. Vielleicht können auch diese Überlegungen einen Anstoß für eine künftige Klärung der komplexen Redaktionsgeschichte von Großjesaja geben. – Jes 35 ist kein Einzeltext, er will im Zusammenhang von Großjesaja im damals bestehenden Umfang gelesen

[41] Vgl. dazu jetzt *Ackroyd,* Isaiah 36–39.

[42] Der Anhalt besteht darin, daß man fragen kann, ob die Wendung 34,16aβ („vermissen (ʿ*dr*)") Jes 40,26bγ voraussetzt (vgl. aber Zef 3,5) und 34,16bα Jes 40,5.

[43] Vgl. dazu jetzt *Melugin* 176–178 und *Ackroyd,* aaO.

und bedacht sein. Insofern kann sich Jes 35 ganz auf Voraussetzungen und Aspekte des Heimkehrvorgangs selbst konzentrieren, wie sie der unmittelbare Kontext fordert. Dabei ist vorausgesetzt, daß der Leser wesentlichen Sachthemen, die nur im Hintergrund der Formulierungen von Jes 35 stehen, im Verlauf der Lektüre von Großjesaja bereits begegnet ist oder im Bereich Jes 40ff noch begegnen wird; so vor allem Weissagun-

2.3 Spuren der Redaktionsschicht von Jes 35 im Ersten Jesaja

Jes 11,11–16

(11) Und an jenem Tage wird es geschehen:
Wiederum wird der Allherr seine Hand ‚erheben',
um zu erwerben den Rest seines Volkes,
der übriggeblieben ist von Assur und von Ägypten
[und von Patros und von Kusch und von Elam
und von Sinear und von Hamat und von den
Inseln des Meeres].

(12) Und er wird ein Panier aufrichten den Völkern
und zusammenbringen die Versprengten Israels
und die Zerstreuten Judas sammeln
von den vier Enden der Erde.

(13) Und es wird weichen die Eifersucht Efraims
und die Bedränger Judas werden ausgerottet,
Efraim eifert nicht (mehr) gegen Juda
und Juda wird Efraim nicht (mehr) bedrängen.

(14) Und sie werden über dem ‚Hang' der Philister
meerwärts fliegen,
gemeinsam plündern sie die Söhne des Ostens,
nach Edom und Moab strecken sie ihre Hand
aus
und die Söhne Ammons werden ihre Untertanen.

(15) Und Jahwe wird ‚austrocknen' die Zunge des
ägyptischen Meeres
und seine Hand schwingen über dem Euphrat
in der ‚Gewalt' seines Sturmes . . .

(16) Und es wird eine Straße entstehen für den
Rest seines Volkes,
der übriggeblieben ist von Assur,
wie sie entstand für Israel am Tage
seines Heraufzugs aus Ägypten.

Jes 27,12.13

(13) Und an jenem Tage wird es geschehen:
Es wird in das große Horn gestoßen
und es werden kommen
die Untergehenden im Lande Assur
und die Versprengten im Lande Ägypten

und sie werden niederfallen vor Jahwe
auf dem heiligen Berg in Jerusalem.

(12) Und an jenem Tage wird es geschehen:
Ausklopfen wird Jahwe , ' die Ähren
‚vom' Euphrat bis zum Bach Ägyptens,
ihr aber werdet aufgelesen werden,
einer um den andern,
ihr Söhne Israels.

gen von der Völkervernichtung, vom künftigen Heil in Zion und von der Sammlung Israels.[44] Im gesamten Jesajabuch wäre zu prüfen, welche diesbezüglichen Aussagen Jes 35 bereits vorgefunden hat und welche als Vorverweise oder Rückverweise auf Jes 35 derselben Schicht wie dieses Kapitel zugehören.

Jes 62,10–12	aus Jes 40,1–11
0) Zieht hindurch, zieht hindurch durch die Tore, bahnt den Weg des Volkes!	(3) In der Wüste bahnt den Weg für Jahwe!
Legt an, legt an die Straße, räumt Steine weg!	(4) Ebnet in der Steppe eine Straße für unseren Gott!
	(9) Auf hohen Berg steige, Botin Zion!
Errichtet ein Panier gegen die Völker:	Erhebe deine Stimme mit Macht, Botin Jerusalem! . . .
1) Siehe, Jahwe hat sich hören lassen bis ans Ende der Erde!	(10) Siehe, der Allherr Jahwe kommt ‚mit Kraft' und sein Arm übt Herrschaft aus;
Sagt zur Tochter Zion: Siehe, deine Hilfe ist gekommen,	(9) Sprich zu den Städten Judas: Siehe da, euer Gott!
siehe, ihr Lohn ist mit ihr und ihr Ertrag vor ihr her!	(10) Siehe, sein Lohn (kommt) mit ihm und sein Ertrag vor ihm her!
2) Und man wird sie nennen: Heiliges Volk, Erlöste Jahwes, und dich wird man nennen: Aufgesuchte, nicht verlassene Stadt.	

[44] Vgl. schon *Dillmann* 308.

Im Bereich Protojesaja kann man zunächst erwägen, ob nicht Jes 30,*18–26 bereits Jes 33–34 voraussetzt und einen in der Heilsverzögerung stärkenden Vorverweis auf diese Aussagen geben soll,[45] der in dieselbe Schicht wie Jes 35 gehört; 30,18ff betonte dann die Fruchtbarkeit im Lande, der die Vegetationsaussagen von Jes 35 für das Heimzugsterrain korrespondieren. Vor allem aber sind dem Hinweis *Vermeylens* folgend[46] die Aussagen Jes 11,11–16[47] und Jes 27,13[48] zu beachten.

In 11,11–16 die Ägypten-Aussagen für sekundär zu erklären (so z.B. *Procksch* zSt; *Wildberger* I zSt; *Barth* 19), ist literarkritisch nicht angängig, vgl. vielmehr jüngst *Kaiser*, Jes. 1–12 zSt; *Werner* 102ff.226 und 11,15aβ mit 19,16 (Ägypten!); nur für die Aufzählungen der dritten Zeile von V.11 (BHS) ist dies erwägenswert. Die Übereinstimmung dieses Textes in den Sachkonturen mit Jes 35 liegt auf der Hand. 1) Die Dominanz des Themas Heimkehr Israels und Heimkehrstraße in beiden Texten. 2) Die Heimkehrstraße ist nicht für Jahwe, sondern für das Volk (11,16; 35,8–10; auch 62,10–12); die Heimkehrer heißen „Rest seines Volkes (*š'r ʿmw*)" – wie manches in dem redaktionellen Text Jes 11,11–16 veranlaßt durch Bezugnahmen auf Aussagen im vorangehenden protojesajanischen Kontext Jes *1ff, vgl. Jes 7,3; 10,19ff –, der für Jes 35 wichtige Bezugstext Jer 31,7ff spricht vom „Rest Israels (*š'rjt jśr'l*)". 3) Die Heimkehrhindernisse werden beseitigt – vgl. 11,15f mit Jes 35; auch 62,10, wobei in folgerichtigem Aspektwandel Jes 11 an den Aufbruch der Heimkehrer denkt, Jes 35 an den Heimweg und Jes 62 an die Ankunft. 4) Daß die Heimkehrstraße schließlich durch Edom führt, ist durch 11,16 in Verbindung mit Num 20 wie

---

[45] Zu beachten sind die Wort- und Sachbeziehungen zum Kontext, zu dem auch der Komplex Jes *24–27 zu rechnen ist, den die Schicht von Jes 35 in einem bestimmten Ausmaß (vgl. aber oben II Anm. 5) einschließt (s. unten zu Jes 27,13): Vgl. 30,23–25 und 35,1f.6b–7, auch 33,16 – Fruchtbarkeit im Lande, das natürlich im Gegensatz zum Terrain der Völkerwelt (34,3f; 35,1–2) Berge und Hügel behält; vgl. 30,25b und 34,2f.5–8; 35,4 und 27,7 („töten (*hrg*)") sowie 33,18; vgl. ferner 30,18 und 33,2; 33,3.10 („erheben (*rwm*)"); 33,5 („Recht (*mšpṭ*)"); vgl. 30,19 und 33,2 sowie 33,7–9; vgl. 30,20 und 33,16 sowie 33,14–16; 35,3f, auch 28,10ff (Lehrer), ferner 33,17.20 (Augen sehen); vgl. 30,21 und 33,14–16; 30,9ff; vgl. 30,26 und 34,4; 24,23.

[46] 446.749f. Auch Jes 62,10–12 hat *Vermeylen* 489 zurecht mit Jes 11,11–16; 27,12f; 35 zusammengestellt.

[47] Zu Jes 62,10–12 s. unten III 2.4.

[48] Trotz der Neueinführung von 27,13 gehört wohl auch 27,12 zur selben Schicht: Beide Aussagen weisen Sachbeziehungen zu Jes 11,11–16 auf – V. 12 im Blick auf das Heilsland davidischen Ausmaßes (wie 11,13f), für dessen israelitische Bewohner hier die eschatologische Aussonderung gegenüber anderen Bewohnern des Gebiets (vgl. die analogen Abgrenzungen für die Heimkehrer in 35,8–10) gewährleistet wird. In den Metaphern nimmt 27,12 Bezug auf Jes 17,5 (als Israel-Aussage gelesen) und Jes 28,27 (als Juda-Aussage gelesen), vgl. auch „Söhne Israels" in 17,3 und 27,12; drückt sich in diesem Befund die Heilsversöhnung von Efraim und Juda (vgl. Jes 11,12f) aus?

ebenso durch Indizien in Jes 35 nahegelegt (s. oben II Anm. 6). 5) Der Vorgang der Sammlung wird in 11,12 auch mit dem für Jes 35 wichtigen, aber dort wegen der fortgeschrittenen Situation des geweissagten Vorgangs mit Bedacht übergangenen Verbum „sammeln (*qbṣ*)" bezeichnet, und auch die Auslösungshandlung Jahwes selbst ist abgestuft formuliert: In Jes 11 vor den im Weltgericht mündenden Fremdvölkerorakeln Jes 13–34 ist von „erwerben (*qnh*)" (V.11; zur Tradition vgl. Ps 74,2; Ex 15,16) und von „Versprengten (*ndḥj*)" und „Zerstreuten (*npṣwt*)" die Rede, beim Fremdvölkerteil in 27,13 von „Untergehenden (*'bdjm*)" und „Versprengten (*ndḥjm*)", nach dem geweissagten Abschluß des Weltgerichts (Jes 34) hingegen jetzt von „Erlösten (*g'wljm*)" und „Ausgelösten Jahwes (*pdwjj jhwh*)" bzw. von „Erlösten Jahwes (*g'wlj jhwh*)" in 35,9f; 62,12. 6) Mit einer eschatologischen Mitexistenz der Völker mit dem Gottesvolk rechnet – im Vorblick auf Jes 13–27 – auch 11,11–16 nicht mehr: Dies gilt von „Assur" und Ägypten ebenso wie in V.14 von Philistern, Edom und Moab, die als Terrain und Plünderstätte im Blick sind. Dem widersprechen die Aussagen über die Ostleute(?) und vor allem die Ammoniter in keiner Weise; Jes 11 berücksichtigt, daß sie in dem vorliegenden Fremdvölkerorakelteil Jes 13–27 nicht vorkommen, entsprechend bleiben sie – aber beileibe nicht alle Völker oder große Teile der Menschheit – nach dem Weltgericht von Jes 34 mit Israel übrig, und zwar als die Untertanen im Reich davidischen Ausmaßes, über die auch David König war (vgl. 2 Sam 12,30f). Das Panier schließlich, das den Völkern aufgerichtet wird (11,12; 18,3 und vgl. damit 27,13 [Horn!]), steht allein im Zusammenhang der Auslösung Israels, vgl. als Bezugstelle Jes 49,22 – aber vom Mitziehen der Völker sagt Jes 11 nichts!; doch zeigt die Formulierung, daß ein Rückbezug auf 5,26, wo bereits die Plural-Lesung „den Völkern (*lgwjm*)" vorliegt, beabsichtigt ist: 5,26–30 und die Abbreviatur in 11,12 werden in dieser Schicht als Weissagung der Vernichtung der Völker gefaßt (vgl. auch 13,1–5.6–16)! Jes 11,11–16 hat also ebenfalls eine redaktionelle Brückenfunktion: Neben den Rückverweisen auf das Voraufgehende sind die Vorverweise zunächst schon auf Jes 13ff zu beachten. 7) Im Ablauf des Großjesajabuches auf dieser redaktionellen Ebene ist Jes 11,11–16 die erste Stelle, an der das Thema von Jes 35 exponiert wird; deshalb ist hier der künftige Heilszustand in Zion auch im Blick auf das Heilsland exponiert, vgl. auch in der Stelle an letzter Position Jes 62,12; die Aussagen dazwischen reden neben der Aussonderung der Israeliten im Heimatland vor allem von Heimkehrzug und Zion als Ziel (27,13b; 35,8–10). Wichtige Parallelaussagen für Jes 11,11–16 sind Obd 15a.16 (Völker!). 17–21; Mi 7,12 (Assur-Ägypten).13 (Weltgericht!); Sach 10,3–12. 8) *Werner* 104 stellt fest, daß 11,11 aus Jerusalemer Perspektive formuliert ist: „Jahwes Volk wohnt bereits in Jerusalem und konstituiert dort die heilige Gemeinde", während die zerstreuten Glieder des Volkes bislang noch fehlen. Dem entspricht die in Jes 35 angetroffene, auf Jes 33 bezogene Sicht, daß Jahwe bereits wieder über dem Zion thront (33,5) und sich dem kultisch feiernden Volk (33,20) wieder zugewandt hat (33,5 als Restitution von 1,21–26 in der Gegenwart; 33,6; 33,22) und zuwenden wird (s. oben III Anm. 19); auch 27,13 ist der Zion „der heilige Berg" und Entsprechendes soll in 35,8 vom Heimkehrweg gelten; die Qualifikation „heiliges Volk" ist aber erst nach der Heimkehr der zerstreuten Glieder des Volkes verwirklicht (62,12).

Die Aussagen Jes 11,11–16 und Jes 27,13 fügen sich also mit Jes 35 zu einem stimmigen und folgerichtig fortschreitenden Gesamtbild von der Heimkehr Israels zusammen, und zwar auch darin, daß sie weder von einem Mitziehen Jahwes noch von einer positiven Mitwirkung oder gar Begleitung der Völker auf diesem Zug sprechen.[49] In beiden Texten spielt nicht nur die östliche (vgl. „Assur"), sondern offenbar auch die ägyptische Diaspora eine Rolle; dies hat zusammen mit der Vorstellung, daß sich dabei der Exodus wiederholt – man beachte V.21[50] aus dem von Jes 35 auch sonst verwendeten Kapitel Jer 31 –, Konsequenzen für das Heimkehrterrain und macht von einer neuen Seite begreiflich, warum Jes 35 aus dem Interesse einer zeitlichen Begrenzung des Gerichts speziell im Edomiterland erwächst; bei diesem Exodus wird dem Heimzug weder im Blick auf die mesopotamischen und ägyptischen Gewässer (11,15) noch im Blick auf Edom (35,1ff; vgl. beim ersten Exodus Num 20,14ff) etwas im Wege stehen. Es liegt also nahe, Jes 11,11–16; 27,13 und Jes 35 ein und derselben Redaktionsschicht zuzuweisen. Diese Sicht wird schließlich auch durch die Position dieser Aussagen in Protojesaja gestützt, auf die ebenfalls *Vermeylen* bereits hingewiesen hat.[51] Diese Passagen stehen jeweils am Ende von sachlichen Teilkomplexen in Protojesaja: 11,11–16 nach dem Komplex Jes *1–11,10, der vom Gericht am Gottesvolk handelt mit Heilsausblick für es, 27,13 nach Jes *13–27,12, der vom Völker- und Weltgericht handelt ebenfalls mit Heilsausblick für das Gottesvolk, und Jes 35 nach Jes 28–34 und zur Anbindung von Jes *40ff, womit offenbar Jes 28ff.40ff insgesamt als Heilsaussage über die Zukunft des Gottesvolkes mit Rückblick auf Israel- und Weltgericht erfaßt werden sollen. Anders gesagt: Jes 11,11–16 und 27,13 prägen Großjesaja eine Dreiteilung von Prophetenbüchern ein, die man bei Ezechiel und wohl auch Zefanja antrifft – Jes 35 zeigt sich also auch in dieser Hinsicht auf jenes Modell der Prophetenbuchredaktion bezogen.[52] Die Aussagen 56,8; 66,20, die *Vermeylen* den genannten Texten zur Seite stellt, gehören nicht hierher, da sie von einem positiven Einbezug der Völker in die Heimkehr sprechen; dasselbe gilt in Protojesaja von der berühmten Stelle 19,18–25 sowie von 14,1f; 18,7; 25,6f.

[49] Zu 51,10 s. unten III Anm. 53, zu 57,14 s. unten zu 62,10–12.

[50] S. dazu oben I Anm. 33; II Anm. 6 und *Böhmer* 70f.

[51] 446.

[52] Vgl. oben III Anm. 40. Die üblichen Bezeichnungen für diese Dreiteilung (Gerichtsworte gegen Israel, Fremdvölkerorakel, Heilsworte für Israel) entsprechen in dieser groben Akzentuierung allerdings schwerlich den Intentionen dieser großjesajanischen Redaktion, vgl. auch die Kritik bei *Barth* 297f; *Ackroyd*, Isaiah I–XII 16ff. Sollen 11,11–16; 27,13 und Kap. 35 besondere Akzent-

2.4 Spuren der Redaktionsschicht von Jes 35 im Zweiten Jesaja

Im Bereich des Zweiten Jesaja die Schicht von Jes 35 aufzuspüren, ist in diesem Rahmen im wesentlichen erst in einigen abgrenzenden Beobachtungen möglich.[53] So legt der Befund von Jes 35 nahe, daß die zahlreichen Aussagen, die von einer – wie immer gearteten – positiven Beziehung der Völker zur Heilswelt Israels sprechen, entweder älter oder jünger als die durch Jes 35 bezeichnete Redaktionsschicht sein müssen.[54] Von einem Text ist jedoch noch genauer zu reden. Jes 62,10–12, der – wie Jes 35 und schon früher Jes 55,6–13[55] – Jes 40,1ff aufgreift, steht in deutlicher Beziehung zu Jes 35 und zeigt entsprechende Sachkontur.[56]

---

setzungen dieser Redaktion markieren, so liegt zunächst die Intention einer Vierteilung dieses Jesajabuches nahe. Dagegen spricht jedoch, daß von den beiden Teilen des älteren Modells (s. oben III Anm. 39) der zweite jetzt anders dimensioniert wird. Auf den ersten Teil Jes *1–11 folgt jetzt nicht ein bis Jes 34, sondern ein nur bis Jes 27 reichender zweiter Teil, der von Völker- und Weltgericht mit Heilsausblick für das Gottesvolk handelt; 27,13 markiert seinen Abschluß. Ein dritter und letzter Teil beginnt dann mit Jes 28 und endet, wie wir sehen werden, mit 62,12. Sein Sachakzent sind die eschatologischen Heilsaspekte von Sammlung und Heimkehr und Vollendung in Zion. Im vorliegenden Text von Jes 28–34 spielt die Ersetzung von Unheilsperspektiven durch Heilsperspektiven in diesem Sinne die wesentliche Rolle, mag es sich dabei um vorgefundene oder neugebildete Aussagen handeln; vgl. besonders 28,5 vor 28,1–4; (28,16–17a im Kontext); 28,29; 29,8; 29,22–24?; 30,18–26.27–33; 31,4–9; 32,19f sowie die Aussagen in Jes 33. In eben diesem Rahmen ist auch die Bildung von Jes 35 einzuordnen: Sie markiert keinen Buchteilabschluß, sondern sucht im Vorblick auf Jes 40ff, wie unsere Untersuchung ergab, Jes 34, das durch die – nicht begründeten, also redaktionell voraussetzenden – Aussagen V. 2–4 auf die Weltgerichtsperspektive von Jes 13.*24–27 gebracht wird, hinsichtlich des Terrains zu begrenzen durch die Heilsperspektive bezüglich des Heimzugterrains.

[53] Vielleicht vermag die Perspektive der großjesajanischen Schicht von Jes 35 auch Licht in den schwierigen Komplex Jes 51,1–52,6 zu bringen. Hat diese Schicht hier akzentuierend eingegriffen? Zu erörtern wäre in dieser Hinsicht z.B. 51,3 (beachte die Praeterita und die Bezüge zu Jes 40,1 und 41,18f); 51,6–8 (vgl. neben 50,3.9 auch 40,22); 52,4 (Ägypten und Assur) und vor allem natürlich die Anfügung 51,11 in der Formulierung von 35,9f an 51,10 (Exodus), vgl. dazu oben I Anm. 36. Auffallend sind auch die Beziehungen 51,9f/27,1; 51,12/40,1–8!

[54] S. oben II Anm. 5.

[55] Man beachte, daß nicht nur, wie vielfach hervorgehoben, 55,10–11 in Beziehung zu 40,6–8 steht, sondern sich die Abfolge von 55,6–13 offenbar im Ganzen an der Abfolge von 40,1–11 orientiert. So schließt sich 55,6f an 40,1–2 an; allerdings wird nicht mehr wie dort das Ende der Schuld zugesagt, sondern die Erfahrung der Bewährung in der Zeit (V.6) und die Existenz von Frevlern in

Der Text Jes 62,10–12 weist weder zu 62,8f noch zu 62,1–7 ursprüngliche literarische Verbindungen auf und reicht, wie wir sehen werden, in seinem literarischen Horizont nicht nur über Jes *60–62, sondern auch über die Komplexe Tritojesaja und Deuterojesaja hinaus. Er besteht, wie der Druck in BHS darstellt, aus vier Doppelzeilen, die jeweils in sich einen Sinnaspekt der Aussage bieten: V.10abα; V.10bβ–11aα; V.11aβb; V.12. In V.10abα ist, wie die oben gegebene Textsynopse vor Augen führt, Jes 40,3f aufgenommen, aber mit bezeichnenden, auf die Schicht von Jes 35 verweisenden Unterschieden: Jetzt werden die Bewohner Jerusalems aufgefordert, das letzte Straßenstück vor den Toren der Stadt herzurichten für die Heimkehrer – die letzte Station der Aussagen 11,11–16; 27,13; 35 (s. oben) ist in Blick genommen; entsprechend diesen Aussagen ist nicht vom Weg für Jahwe, sondern vom Weg des Volkes die Rede (vgl. 57,14: wohl eine von 62,10 abhängige Aussage, s. unten), und die „Straße (*mslh*)" (vgl. 40,4) ist in V.10bα nicht anders verstanden. 62,10bβ–11 nimmt Jes 40,9–10 auf. Vgl. im einzelnen: 62,10bβ mit 40,9aβbα (die Aufforderung „Erhebe deine Stimme mit Macht, Botin Jerusalem! Erhebe sie, fürchte dich nicht" wird von 62,10bβ interpretiert als die Aufforderung an die Jerusalemer: „Errichtet ein Panier gegen die Völker" mit Bezug auf Jes 11,12)!, 62,11aα („Siehe, Jahwe hat sich hören lassen bis ans Ende der Erde", vgl. 11,12) mit 40,10a („Siehe, der Allherr Jahwe kommt ‚mit Kraft' und sein Arm übt Herrschaft aus"), 62,11aβ („Sagt zur Tochter Zion: Siehe, deine Hilfe ist gekommen") mit 40,9bβ („Sprich zu den Städten Judas: Siehe da, euer Gott") wegen „Sprecht (*'mrw*)"; – „ist gekommen (*b'*)" spräche allerdings für den Bezug auf 40,10a; 62,11b ist wörtlich 40,10b; 62,12 ist allenfalls mit intendiertem Sachbezug zu 40,11 formuliert. Auffallend ist hierbei zunächst, daß bei der Aufnahme von 40,3 in V.10abα und von 40,9–10 in V.10bβ–11 Jes 62 ebenso wie Jes 35 eine Aussage vom Heimkommen Jahwes selbst umgangen hat; statt Gott selbst heißt es: „deine (Zions) Hilfe ist gekommen" (vgl. 35,4!), und auf sie beziehen sich, was grammatisch ohnehin am nächsten liegt, in derselben Tendenz die Suffixe in 62,11b: „Sagt zur Tochter Zion: Siehe, deine Hilfe ist gekommen, siehe, ihr Lohn ist mit ihr und ihr Ertrag vor ihr her!", vgl. schon Jes 35,4b! Auffallend sind ferner die Umstellungen gegenüber 40,9–10 in der Abfolge: Folgerichtig wird in 62,10 nach der Aufweitung der Imperative von 40,3 auf die Imperative in 40,9 übergegangen, dann aber wird in V.11a zunächst 40,10a, dann 40,9bβ aufgegriffen, mit V.11a = 40,10b ist dann wieder Gleich-

---

Israel (V.7) wird mit Anweisungen zur Umkehr verbunden, auf die Vergebung dann gewiß folgen wird. 55,8f knüpfen an 40,3–5 („Weg Jahwes") an und stellen die menschenüblichen Zeiterwartungen Israels den überlegenen Vorhaben Jahwes gegenüber, wobei aus dem Heimzugsweg Jahwes von 40,3–5 das Handlungsfeld Jahwes, sein Vorhaben der Herbeiführung des Heils, geworden ist. Daß Jes 55,6ff gegenüber Jes 40 das Problem der Heilsverzögerung bewegt, zeigt 55,10f im Anschluß an 40,6–8. 55,12–13 hat mit der Heimzugthematik folgerichtig Entsprechung zu 40,9–11. Jes 55,6–13 ist wohl ein redaktioneller, den Komplex *40–55 abschließender Text und vom Propheten Deuterojesaja abzurücken, vgl. neuerdings *Brueggemann* 191ff; *Schmitt* 43ff.

[56] Vgl. zu diesem Text Kommentare, *Zimmerli*, ThB 19, 221ff, *Pauritsch* 118f.132f und besonders *Kiesow* 131ff.

stand erreicht. Dahinter steht offenbar Absicht. In 62,10–11aα ist zunächst vom Geschehen die Rede, das der faktischen Ankunft der Heimkehrer in Zion vorausgeht: Dazu gehört die Herrichtung des Straßenstücks vor den Toren Jerusalems, dazu gehört aber auch die Aufforderung ebenfalls an die Stadtbewohner: „Errichtet ein Panier gegen die Völker" (V.10bβ) samt der Feststellung V.11aα! Die für sich betrachtet so schwierige Aussage V.10bβ–11aα ist erklärlich, wenn man sieht, daß es sich hier um großjesajanisch-redaktionelle Anspielungen handelt: „erheben (*rwm* hi.)" und die Fassung als Aufforderung an die Jerusalemer ist durch den Bezugstext 40,9 bedingt, in der Sache aber wird über 49,22 hinaus auf 5,26 MT (Panier, Völker, Ende der Erde) zurückgewiesen und zugleich auf 11,12, wo ebenfalls in derselben Schicht auf 5,26 Bezug genommen war (s. oben), und schließlich auf 13,2 (ebenfalls „erheben (*rwm* impt.hi.)" und „Stimme (*qwl*)" wie an der Bezugstelle 40,9) – in dieser Schicht die erste Aussage in Großjesaja vom Völkergericht (s. oben III Anm. 31.36). Auf diesem Hintergrund kann V.10bβ nur die Aufforderung zu einer Zeichensetzung angesichts des vollzogenen Völkergerichts gemeint sein, und auf dasselbe Geschehen ist die Aufnahme der Aussage von Stärke und Arm Jahwes 40,10a in 62,11aα gerichtet: Jahwe hat sich weltweit hören lassen – das ist nämlich über 48,22 hinaus offensichtlich Rückbezug auf 30,30 („hören lassen [*šmᶜ* hi.]"; Arm)! 62,11aβ–12 setzt mit einer erneuten Aufforderung an die Jerusalemer ein, die Ankunft selbst zu melden: die Ankunft der Hilfe, die nach dem Rachegericht an der Völkerwelt wie in 35,4 in der Heimkehr der zerstreuten Glieder des Volkes besteht – das wichtigste, durchgängig exponierte Hoffnungsziel dieser ganzen Schicht. Warum – dies formuliert 62,12: Mit dieser Heimkehr ist „heiliges Volk" verwirklicht, so daß Jerusalem jetzt genannt werden kann aufgesuchte (Aufnahme und Aufhebung von Jer 30,17!; vgl. die Aufnahme von Jer 31,7ff in Jes 35, s. oben I 4), nicht verlassene Stadt, womit die Lage von Jes 32,14; 49,14; 54,6; 60,15 im Sinne von 62,4 – zwar nicht mehr hinsichtlich eines zurückkehrenden Jahwe, der ja längst wieder präsent ist, wohl aber hinsichtlich der bislang noch fehlenden Heimkehrer – aufgehoben ist: eine durch und durch konkrete Hoffnung; die spiritualisierende Auffassung bei *Zimmerli* 221ff ist unzutreffend.

Diese Übereinstimmung in der Sachkontur spricht dafür, Jes 62,10–12 derselben Schicht wie Jes 35 zuzuweisen – als das Auflager der Brücke, deren Pfeiler wir in 11,11–16; 27,13; 35 gesehen haben. Jes 62,10–12 ist dann der Abschluß und Zielpunkt dieser ganzen Redaktion in Großjesaja – die Vollendung der Heimkehr. Auch hinsichtlich der Makrostrukturierung dieser Gestalt von Großjesaja wäre demnach diese Schicht analog verfahren, indem sie dieser Formulierung eine Endposition gab.[57] Dazu

[57] Man beachte auch, wie diese großjesajanische Schicht mit den beiden Eigenformulierungen Jes 35 und 62,10–12, die bis ins einzelne Jes 40,1–11 aufgreifen, den angefügten Zweiten-Jesaja-Komplex integrativ verklammert. 62,10–12 ist also nicht der redaktionelle Abschluß eines tritojesajanischen Komplexes, wie meist angenommen wird, und auch kein Redaktionsphänomen nur innerhalb des Zweiten Jesaja. Jes 62,10–12 als Abschlußtext einer großjesajanischen Redaktion

fügt sich der früher angetroffene Sachverhalt, daß die Bezüge von Jes 35 im Zweiten Jesaja nicht über Jes 62 hinauszureichen scheinen,[58] ja, sich in Tritojesaja abgesehen von der fraglichen Beziehung 35,4/59,17f[59] offenbar überhaupt nur auf den Textbereich Jes 60–62 erstrecken. Ist man mit diesem Befund und seiner an Jes 35 gewonnenen Auswertung auf einer richtigen Spur, dann könnten sich dadurch veränderte Perspektiven für „Tritojesaja" ergeben, die abschließend versuchsweise im groben einmal angedeutet und im einzelnen kurz vorgestellt werden sollen; eine nähere Prüfung liegt freilich außerhalb des Rahmens dieser Studie.

Noch in den jüngsten Untersuchungen zu Jes 56–66[60] wird der Komplex „Tritojesaja" hinsichtlich der Frage seiner Entstehung im wesentlichen für sich gesehen. Dabei werden separate Einzelüberlieferungen zugestanden und vor allem natürlich Kenntnisse der Texte aus Jes 40ff in Anschlag gebracht. Die Anbindung von „Tritojesaja" an das literarisch Vorhergehende erscheint der Forschung demgegenüber als ein sekundärer Vorgang – mit wenigen Ausnahmen.[61] Unerörtert bleibt so die Frage, ob nicht bereits bei der Entstehung der Textzusammenhänge von Jes 56–66 jedenfalls in ihrer vorliegenden Gestalt – unbeschadet allfälliger, ehedem

---

weckt die Frage, ob sich diese Schicht nicht auch am Anfang dieses Werkes produktiv niedergeschlagen hat. Sichere Anhaltspunkte gibt es nicht; vielleicht ist 1,27f so einzuordnen. Eine Sachinklusion mag zwischen 62,12 und 1,7–9 beabsichtigt sein (vgl. *Childs,* Introduction 330).

[58] Vgl. oben I Anm. 11.37; II Anm. 5; III Anm. 24. – Daß sich unser Ergebnis diametral von der Ansicht von *Merendino* 561, Jes 40,1ff stamme von einem Redaktor, der Jes 56–66 kannte, unterscheidet, sei am Rande vermerkt. Die an Leitstichworten orientierte Skizze der Redaktionsgeschichte des Jesajabuches bei *Rendtorff* 201ff, besonders 210ff, nennt Beobachtungen (vgl. jetzt auch *ders.*, Zur Komposition des Buches Jesaja, VT 34 (1984) 295–320, nach Abschluß unseres Manuskriptes erschienen), die aber allererst textgenetisch gesichtet und geordnet werden müssen. Bevor das Bild vom Werden des Jesajabuches nicht genauer erhellt ist, sind derartige Skizzen bereits über den Sinn der Schlußredaktion von Jes 1–66 (vgl. auch *Childs,* Introduction 316ff) als Frage natürlich berechtigt, als Antwort jedoch noch unverbindlich. Gemäß unserem Ergebnis ist – unnötig zu sagen – die großjesajanische Schicht von Jes 35 noch keineswegs die Schlußredaktion des Jesajabuches; großjesajanisches Wachstum hat sich danach nicht nur in Jes 56–66, sondern auch in den übrigen Bereichen des Jesajabuches (Zurücknahme der Weltgericht-Aussagen!, aber z.B. auch Jes 4,2.3–6; Jes 12; Jes 29,17ff und 33,14–16 sind zu diskutieren) noch fortgesetzt.

[59] S. oben I Anm. 35.42.

[60] S. oben III Anm. 18. Hinzuzunehmen ist *Elizabeth Achtemeier*, The Community and Message of Isaiah 56–66: A Theological Commentary, Minneapolis 1982.

[61] *Vermeylen* 451ff; *Rendtorff* (s. oben III Anm. 58).

selbständiger Einzelüberlieferungen im Hintergrund – die literarische Beziehung zum Voraufgehenden von Anfang an eine Rolle spielt, die redaktionsgeschichtliche Perspektive für das Zustandekommen dieser Textzusammenhänge also von vornherein konstitutiv ist. Unser an Jes 35 erarbeiteter, redaktionsgeschichtlicher Befund läßt es jedenfalls als diskutabel erscheinen zu prüfen, ob Textzusammenhänge in Jes 56–66 nicht erst sekundär, sondern bereits primär-textgenetisch als Fortschreibungstexte im Rahmen von Jes 40–55 und vor allem von Großjesaja anzusehen sind: Jes 60–62 im Blick auf Jes 40–55, wenn Jes 40–55.60–62 der Komplex ist, den die Jes 35-Schicht als solchen voraussetzt und an Protojesaja anbindet, und Jes 56–59 bzw. Jes 63–66 als großjesajanische Fortschreibungen, die erst nach der Jes 35-Schicht liegen. Tritojesajanische Textzusammenhänge wären so betrachtet nicht zunächst literarisch selbständige Aussagen, die lediglich in Kenntnis von deutero- bzw. protojesajanischer wie vieler anderer schriftprophetischer Formulierungen gestaltet wurden. Sie wären vielmehr von vornherein für ihren Ort in einem ihnen überkommenen, größeren literarischen Ganzen verfaßt, das sie voraussetzen und auf deren Aussagen sie Bezug nehmen.
Etwas näher betrachtet müßte dementsprechend ein Bild vom Werden von Jes 56–66 im einzelnen geprüft werden, das wir im Folgenden vorschlagsweise skizzieren. Aus der Sicht unserer Jes 35-Schicht ist dabei vor allem auf die Themen Heimkehr, Völker, Zustand des Gottesvolkes, sowie auf redaktionsgeschichtlich relevante Bezugstexte aus Großjesaja zu achten.

An den Anfang ist gewiß *Jes *60–62* zu setzen, im Sinne unseres Vorschlags eine produktive Fortschreibung von Jes *40–55, die schwerlich mit 62,9, sondern ursprünglich mit 62,7 (vgl. die Sachinklusion 62,1/62,6f) endet. Der Komplex setzt am Heimzugsthema von 55,12f an, führt in 60,1 die vorgefundenen (51,17ff; 52,1f; 54,1ff) Aufforderungen an Zion weiter, schreibt Jes *40–55 zunächst um Jes *60 und 61 fort (Anrede an Zion Jes *60 gefolgt von einer Rede Zions im Blick auf Bevölkerung und Städte Judas Jes 61 gemäß dem Modell Jes 40,1ff.9ff) und ist seinerseits um die das Verzögerungsproblem bewältigende Jahwerede 62,1–7 ergänzt worden. Dieser Jes *40–55 ergänzende Komplex Jes *60–62 weist auch sonst bezeichnende Beziehungen gerade zu dem Ansatz-Kapitel Jes 55 auf: Man beachte die Aufnahme der Thematik des „ewigen Bundes“ (55,3–5/61,8f) und die Aufnahme von 55,5 in Jes 60, besonders V. 9. Sachlich ist dieser in sich zusammenhängende Komplex als eine fortschreibende Ergänzung der literarischen Vorgabe Jes *40–55 anzusehen, die nun die heilvollen Restitutionsvorgänge im Lande selbst weissagt[62] – in Anknüpfung vor allem an Jes 49,14 ff und Jes 54, wobei wie in dem auf Jes 52,13–53,12 folgenden Kapitel Jes 54 der Gottesknecht von Jes 52,(13–)15 auf Zion gedeutet wird (60,3 ff; 62,2 ff); auch die Zion-Qualifikation von Jes 61 ist mit Bezugnahme auf Jes 45 (Kyros-Aussage) und vor allem auf Jes 42 und 49,1–13 als Ebed-Aussagen gebildet. Die Fortschreibung Jes *60–62 wird hinter Jes 55 sachgemäß an der Stelle placiert, nachdem Jes 40–55 letztmals von der Heimkehr des exilierten Israel die Rede war (55,12 f). Möglicherweise ist sogar noch in 62,1 ff eine Inklusion zum Anfang des nun erweiterten Komplexes Jes *40–62 angestrebt, vgl. 62,1/40,1–2; – 62,2/40,5; – 62,6/40,9. Überhaupt ist der Komplex Jes 60–62, wie die Forschung seit langem vermerkt hat,[63] voll von Beziehungen zu Jes 40–55; sie erschienen im Sinne der Perspektive produktiver Fortschreibung in einem neuen Licht. – Allerdings gehört nicht alles in Jes 60–62 in diese Anfangsphase literarischen Werdens von Jes 56–66, die wir hier erörtern. Glossen und kleinere Zusätze hier einmal vernachlässigt ist vor allem 60,17–22 als jüngerer Zusatz anzusehen:[64] Bereits 60,16 kommt gleichlautend bei der Abschlußformulierung (V.26) des Mustertextes Jes 49 an, außerdem steht V.17–22 in Differenz zum Kontext. Desgleichen sind die vom Kontext sachlich abweichenden und durch ihre Stellung problematischen Völkeraussagen in 60,12 sekundär.[65] – Auffallend an diesem verbleibenden Grundbestand von Jes 60–62 ist, daß er kein umfassendes Völkergericht kennt, keine inneren Spannun-

[62] Vgl. dazu jetzt besonders *Hanson* 46–77.

[63] Vgl. z.B. *Cheyne* 340–350; *A. Zillessen*, ZAW 26, 1906, 231–276, dort 240 ff.246 ff.252 ff.259 ff.267 f.268 ff; *Elliger*, Einheit 42 ff; *H. Odeberg*, Trito-Isaiah (Isaiah 56–66). A Literary and Linguistic Analysis, Uppsala 1931, 216–271; *P.-E. Bonnard*, Le Second Isaïe. Son disciple et leurs éditeurs. Isaïe 40–66, Paris 1972, z.St.; *Pauritsch* 103 ff; *Hanson* 59 ff; *Vermeylen* 472 (Lit); Kommentare.

[64] Die literarkritische Untersuchung von Jes 60–62 führt in der Forschung zu ganz disparaten Ergebnissen; besonders weit geht jüngst *Vermeylen* 471 ff. Unsere Abtrennung von 60,17–22 kommt überein mit prosodischen Beobachtungen von *Hanson* (60.63), der aber andere literarkritische Folgerungen daraus zieht.

[65] Vgl. dazu jüngst *Vermeylen* 474. Hingegen ist der textkritisch freilich nicht eindeutige *V. 14*, der gegen *Vermeylen* 475 f keine sicheren Beziehungen zu Protojesaja aufweist, höchstwahrscheinlich dem ursprünglichen Bestand von Jes 60 zuzurechnen: Er bietet innerhalb der Anfügung Jes *60–61 die 61,3b entsprechende Neubenennung zunächst für Zion, ist Aufnahme von Jes 49,23;51,23 bzw. in den Benennungen von Jes 45,13; 52,1 (Stadt Jahwes); 43,14; 47,4; 49,7; 54,5; 55,5 (Heiliger Israels) und nennt in der Binnenabfolge von Jes *60 unter dem zu Zion Kommenden die Söhne(!) des einstigen babylonischen Unterdrückervolkes bewußt an letzter Stelle.

gen im Gottesvolk und – redaktionsgeschichtlich besonders bemerkenswert – keine sicheren Bezüge auf Texte aus Protojesaja aufweist.[66]

Nach dieser Jes 60,*1–16; 61; 62,1–7 umfassenden Ergänzungsschicht wäre als eine nächste Stufe, die das Werden von „Tritojesaja" beeinflußt, bereits unsere *großjesajanische Redaktionsschicht von Jes 35* anzusehen, die Jes *40–55 + *60–62 an Protojesaja anfügt und im Tritojesaja-Bereich, wie wir sahen, produktiv durch die redaktionelle, auf Protojesaja-Formulierungen bezogene, sachlich (62,7b!) speziell an 62,6f angeschlossene und als vierfacher Aufruf der Wächter/Erinnerer dort an die Stadtbewohner des wiedererstandenen Jerusalem gestaltete Abschlußformulierung in *62,10–12* in Erscheinung tritt. – Man kann einen Augenblick erwägen, ob dieser Schicht nicht auch die Anfügung der ihr in der Völkergerichtperspektive und im Rückbezug auf Jes 34 entsprechenden Aussagen 63,1–6 zugehört. Doch spricht dagegen, daß Jes 63 mit Jes 59 zusammengehört,[67] Jes 59 aber mit Jes *56–58, wo im Gegensatz zur Schicht von Jes 35 die gegenwärtige Schuld des Gottesvolkes und innere Spannungen in ihm eine Rolle spielen. Auch die Zusätze 60,12 und 60,17–22 haben nicht denselben Horizont wie die Jes 35-Schicht. Hingegen wird man ihr wohl Jes 51,1–52,6 jedenfalls in der, einen älteren Bestand (51,9f?; 51,17–23; 52,1f) erweiternden, vorliegenden Gestalt zurechnen können.[68] Gemäß unserem Vorschlag befindet man sich auf dieser Stufe nun erstmals auf der Ebene eines großjesajanischen Buches, das Jes *1–39.*40–55.*60–62 umfaßt.

Konsequenterweise müßten die Textzusammenhänge Jes 56–59 und Jes 63–66 dann jüngeren Werdestufen zugerechnet und im Endeffekt als

---

[66] Zwischen Jes 60 und Jes 2,2–5 par. Mi 4,1–4 bestehen traditionsgeschichtliche, aber keine nachweisbaren literarischen Beziehungen, wie der Einzelvergleich zeigt. 60,1f mit Jes 9,1 (*Pauritsch* 122) oder Jes 5,30 (*Vermeylen* 472) zu verbinden, ist angesichts des Befundes in Jes 40–55 in keiner Weise zwingend: Jes 60,1–3 nimmt vielmehr die Vorstellung vom Kabod Jahwes aus dem Ezechielbuch (Ez 43,2–5; 44,4) und Vorstellungen von der Lichttheophanie Jahwes gegen Feinde (Dtn 33,2; Ps 18,13.29; Hab 3,4.11) auf und legt damit das in Jes *40–55 vorgefundene, nunmehr Zion übertragene Gottesknecht-Prädikat „Licht der Völker" (42,6; 49,6) aus! – Auf eine Verbindung von Jes 60–62 mit Jes 40–55, freilich nicht im Sinne einer redaktionsgeschichtlichen Fortschreibung, und auf eine Lösung dieser drei Kapitel von ihrem vorliegenden tritojesajanischen Kontext hat bereits *W. W. Cannon* in ZAW 47, 1929, 284–288 und ZAW 52, 1934, 75–77 hingewiesen.

[67] Vgl. schon oben III z.St. und die Hinweise dort auf Kommentare, *Kellermann* 147ff; *Hanson* 202ff.

[68] Vgl. oben III Anm. 53.

Fortschreibungen bereits im größeren Rahmen des überkommenen Großjesajabuches verstanden werden. Für diese Perspektive gibt es Hinweise im Text.

Zunächst zu *Jes 56–59*. Dieser Textzusammenhang, der genau genommen 56,9–59,21 umfaßt, da 56,1–8 inklusiv mit 66,17–24 zusammengehört,[69] und möglicherweise Vorstufen in sich schließt, vertritt in 59,18f die Position eines umfassenden Völkergerichts;[70] dies verbindet ihn mit der großjesajanischen Redaktion von Jes 35 und dies legt angesichts der genannten Beziehungen zwischen *Jes 63,1–6* und Jes 59 nahe, auch jene Weissagung von dem in Edom vollzogenen Völkergericht Jahwes hierher zu stellen. Jedoch steht das Völkergericht nicht im Zentrum des Interesses. Im Vordergrund stehen in 56,9–59,21 vielmehr Aussagen über die aktuelle Schuld des Gottesvolkes und Spannungen in ihm (56,9–57,21; 58,1–5; 59,1–8.9–14); dies trennt diesen Textkomplex von der Sicht der voraufgehenden, durch Jes 35 bezeichneten Jesajaredaktion und verbindet ihn mit Jes 63,7–66,24. Doch liegen diese beiden Komplexe Jes *56–59 und Jes *63–66 nicht auf derselben Ebene: Nur Jes *63–66 hat für die wahren Frommen in(!) Israel die Begriffe „meine Knechte" (65,8.9.13–16; 66,14) und parallel dazu „meine Auserwählten" (65,9.15.22), und nur dieser Komplex faßt eine Heilsteilhabe auch für Menschen aus dem Völkerbereich ins Auge (66,19–21.23; 56,1–8). So wird man diese beiden Komplexe voneinander sondern müssen; ihre unterschiedliche Stellung entspricht unterschiedlichen literarischen Schichten.

Der ältere von beiden ist Jes 56,9–59,21. Ob er wirklich redaktionsgeschichtlich relevante, literarische Uneinheitlichkeiten aufweist,[71] ist kei-

---

[69] Vgl. dazu jüngst *Hanson* 162.388f; *Rendtorff* 209; zum theologiegeschichtlichen Hintergrund *Sehmsdorf* 542ff.

[70] Textkritisch ist diese wichtige Stelle 59,18f leider nicht sicher, vgl. Komm. Zum Verständnis als Gerichtsankündigung gegen die Völker, in die gemäß dem Kontext von Jes 59 (V. 5–8.20) drohend auch nicht umkehrende Israeliten einbezogen werden (s. dazu *J. Jeremias,* Theophanie. Die Geschichte einer alttestamentlichen Gattung (WMANT 10) Neukirchen-Vluyn [2]1977, 59.131.159f), vgl. aber jüngst *Pauritsch,* besonders 101; *Hanson,* besonders 133, und beachte die oben im folgenden genannten Bezugnahmen auf Protojesaja an dieser Stelle sowie die aufgezeigte Inklusionsfunktion von 59,18–20.

[71] Zur Debatte steht vor allem eine literarkritische Scheidung zwischen 57,1ff und 57,14ff mit 57,13b als sekundärer Verklammerung. *Hanson* hat diese Scheidung durch Beobachtung einer Konfliktverschärfung in 56,9–57,13 gegenüber 57,14ff unterstützen wollen (186ff.77ff) – m.E. nicht zwingend. Mir scheint eine literarkritische Sonderung von 57,14–19 aus dem Komplex 56,9–59,21 nicht erforderlich, für den im übrigen auch Sprach- und Vorstellungshintergründe der nachexilischen Psalmüberlieferung wichtig sind, vgl. besonders Ps 34.

neswegs sicher; nur für die Sabbatthematik in 58,13–14, die dem jüngeren Komplex eigen ist,[72] und vielleicht für 57,20f kann man dies erwägen; die an prophetisch-literarischen Vorbildern orientierten Anklagen in *56–59 dürfen jedenfalls nicht dazu verführen. Zusammengehalten ist der Abschnitt sachlich dadurch, daß er trotz der Anklagen gegenüber Volksführern (56,9ff), Gruppierungen im Volk (57,1–13; 59,4–8) und dem Volk im ganzen (58,1ff) anscheinend noch offen ist für eine mögliche Bekehrung aller Israeliten, wie sie in dem Bekenntnis 59,9–15a vorgesprochen und durch die Mahnungen und Warnungen (57,12f; 58,6ff) an den einzelnen unterstrichen wird; sie ermöglicht es, an dem von Jahwe gewollten Heil Israels (57,13b.14–19; 58,8–12; 59,15bff als Hinführung auf die vorgegebene Weissagung 60–62; 59,21 formuliert einen Vorverweis auf Jes 61) teilzuhaben und dem Gericht (59,18f; 63,1–6) zu entgehen. Das leitende Problem dieses Komplexes wäre der Verzug des in 60–62 geweissagten Heils für Zion, Land, Städte und Bevölkerung wegen des Fehlverhaltens im Gottesvolk. Doch scheint *56–59 keineswegs nur auf 60–62 Bezug zu nehmen, wie zahlreiche Aufnahmen und Formulierungen von dort zeigen, sondern redaktionsgeschichtlich signifikant auf das ganze Großjesajabuch, wie es in der Jes 35-Schicht vorgegeben war. Daß 63,1–6 als Rückbezug auf Jes 34 anzusehen ist, haben wir bereits früher festgestellt. Man vergleiche aber weiter z.B. 59,1/50,2, 58,9/52,6; und im Bereich Protojesaja besonders 59,16.19/30,27.28.30 sowie 58,4; 57,15/33,5 und die Beziehungen, die *Vermeylen*[73] zwischen *56–59 und Jes 1 genannt hat. Auf dieselbe Ebene aber werden auch der Einschub *62,8f*[74] und die Anfügung *60,17–22* gehören,[75] die mit *56–59 in direkten Beziehungen verbunden sind, aber gleichfalls Bezüge zu Großjesaja aufweisen. – Umgekehrt deuten Sachentsprechungen darauf, daß auch späte Texte in Protojesaja dieser Ebene zuzuordnen sind, so vor allem *4,2–6* als Heilsperspektive nach Jes 1–3, ferner *29,17–24* mit der wie 57,14ff im Vergleich zu 62,10 erkennbaren spiritualisierenden Tendenz und schließlich der Zusatz *33,14f*, der in Anklage- und Mahnaussagen von 56–59

[72] Vgl. dazu und zur Einordnung dieses Zusatzes *Hanson* 101.

[73] 505ff.

[74] Vgl. die Aussagen 62,8f, die ihrerseits in Jes 63–66 mit neuem Akzent aufgenommen werden (65,13.22), mit 57,13; 58,14; 60,21 sowie mit 59,18; 63,1–6 (feindfreies Jahweland) und siehe zu Beziehungen auf dtn./dtr. Tradition in dieser Schicht und in diesen Aussagen speziell *Sehmsdorf*, besonders 524–529; großjesajanische Bezugnahmen könnten in 62,8f auf 14,24; 1,7f.10ff vorliegen.

[75] Vgl. 60,17b mit 57,19; 59,8; – 60,18 mit 59,6f; – 60,21 mit 57,1(Gerechter).13 und vgl. im Blick auf Protojesaja z.B. 60,19f mit 13,10; 24,23; 30,26; 34,4; – 60,21f mit 26,15; – 60,22 mit 10,25; 13,22b; 29,17.

Parallelen hat. Es gibt also Hinweise, die darauf deuten, alle diese Texte einer großjesajanischen Schicht von Fortschreibung zuzuweisen, die nach der durch Jes 35 bezeichneten anzusetzen ist. Daß diese Schicht nicht von der Heimkehr der Diaspora handelt, hat schwerlich tiefere Gründe; die Schicht trägt neue Akzente in Großjesaja ein, in dem das Heimkehrthema bereits breit vorgegeben ist. Schließlich ein Wort zur Stellung der tritojesajanischen Partien dieser Schicht. Daß das vorgegebene Großjesajabuch jetzt gerade vor allem zwischen Jes 55 und 60 fortgeschrieben wird, hängt offenbar damit zusammen, daß 55,12f letztmals den Auszugsaspekt bietet, 60–62 dann vom Heil im Lande spricht; *56–59 aber bezieht sich auf die aktuell gegebenen Verhältnisse im Lande und formuliert die Voraussetzungen für die Teilhabe am Heil, das 60–62 verheißt. Die Abschlußstellung von 63,1–6 als dem Bericht von der Rückkehr des Völkersiegers Jahwe nach Zion, nachdem vom Einzug des Volkes dorthin in 62,10–12 die Rede war, ist durch die Formulierung 59,18–20 inklusiv vorbereitet: 59,18f verweist auf 63,1–6, 59,20 auf 60–62.

Wodurch sich der jüngere Komplex *Jes 63,7–66,24* vom älteren Jes *56–59 vor allem unterscheidet, wurde oben bereits festgestellt. Für ihn ist die Bekehrung des ganzen Gottesvolkes als Voraussetzung der Heilsteilhabe im Gegensatz zum älteren Komplex keine Möglichkeit mehr, auf die mahnend und warnend hingearbeitet würde; für ihn ist der eschatologisch relevante Bruch im empirischen Gottesvolk vollzogen.[76] Aufs Ganze gesehen muß dieser Komplex als literarische Einheit angesehen werden: Das Gebet 63,7–64,11 verlangt nach Antwort und eben diese Antwort wird in 65–66 gegeben. Sie nimmt nicht nur in Formulierungen[77] auf das Gebet Bezug, sondern vor allem auch sachlich: Die Position des Gebets, daß die Frommen dort (64,3ff) um die Heilszuwendung Jahwes für das gesamte Gottesvolk (64,7.8!, vgl. 63,7–14) bitten, wird in 65,1–16; 66,1–4.5–6 im Sinne definitiver Scheidung in Israel aufgenommen, die Bitte um Zion und seine Lebenswelt (63,19; 64,9) im Sinne einer kommenden Ära umfassender Neuschöpfung (65,17–25; 66,7–14), die Bitte um den Tempel (63,18; 64,10) im Sinne einer diesbezüglich neuen Sicht (66,1–2; 56,1–8), die Bitte gegen die Feindvölker (63,18; 64,1) im Sinne einer Scheidung, die nun quer durch Israel und die Völker verläuft (negativ: 65,2–7.13–16; 66,3f.5.14–18.24; positiv: 65,8–16.17–25 [vgl. V.22]; 66,2.10–14.19–23). Daß die Antwort Jes 65–66 gegenüber dem Gebet anders als erwartet ausfällt, ist Absicht, die Position des Gebets,

---

[76] Vgl. 65,1–16; 66,1–4.5–6 und dazu jetzt besonders *Hanson* 134ff.

[77] Vgl. z.B. 65,1/64,6.11.

das in herkömmlicher, dtr. Prägung[78] allerdings mit skeptischem Akzent gegenüber Jahwe (63,17; 64,6) wohl unter Aufnahme eines Traditionsstückes formuliert ist, ist nicht die des jüngeren Komplexes selbst, sondern eher der des älteren vergleichbar, wie sie besonders Jes 59 hervortritt; an diese wird jetzt mit dem Gebet angeknüpft, aber um die Position des Gebets theologisch zurechtzurücken von der Spannung in Jahwe weg zu der Divergenz im empirischen Gottesvolk als Grund der Heilsverzögerung – eben in der Antwort Jes 65f, in der die Position des jüngeren Komplexes selbst zum Ausdruck kommt. Daß dieser jüngere Komplex, dem, wie bereits erwähnt, neben Jes 63,7–66,24 auch *56,1–8* und angesichts der Scheidung innerhalb der Völkerwelt auch die Zufügungen *60,12* sowie wegen der Sabbatthematik wohl auch *58,13–14* und wegen der bereits definitiven Scheidung in Israel auch der Zusatz *57,20f* (vgl. 48,22) zuzurechnen sind, eine in der vorliegenden Gestalt von vornherein in das überkommene Großjesajabuch eingeschriebene Schicht ist, ist an verschiedenen Indizien zu erkennen. Wie Auflistungen in der Sekundärliteratur zeigen,[79] ist der Text von vornherein durch Formulierungsaufnahmen und Rückbezüge auf das dieser Schicht vorliegende Großjesajabuch gestaltet; dies gilt für vorgefundene Formulierungen aus dem Bereich 56–63, aus dem Bereich 40–55 (besonders wichtig: 63,16/51,2!; 65,17/43,18f sowie der Anschluß von 56,1–8 an 55,1–13), aber auch aus dem Bereich Protojesaja: 65,25 wird aus Jes 11,6–9 geradezu zitiert, aber auch sonst gibt es Beziehungen, vgl. z.B. 56,8 mit 11,12; 27,13 sowie mit *14,1–3*, ein Text, der in dieselbe literarische Schlußschicht von Großjesaja gehören könnte; 65,6 mit 4,3; 65,12 mit 34,2–6; 65,17 mit 24,4 (die Weissagung eines neuen Himmels und einer neuen Erde ist als Gegenbild zu Gerichtsaussagen in Protojesaja zu sehen, vgl. schon oben in der vorangehenden Schicht zu 60,20); 65,24 mit 30,19; 66,5 mit 5,19 und 26,11; 66,6 mit 13,4; 66,8 mit 26,17; 66,9 mit 37,3; 66,12 mit 30,28; 66,15 mit 29,6 und 30,27; 66,16 mit 30,25 und 34,5ff sowie die Inklusivbezüge von Jes 66 zu Jes 1, die *Vermeylen* aufweist.[80] In Protojesaja könnte mit dieser Schlußschicht neben 14,1–3 auch *Jes 12,1–6* verbunden werden.[81]

[78] Vgl. dazu *Steck*, Israel 110 Anm. 6; 121–127.

[79] Vgl. neben den oben III Anm. 63 genannten Untersuchungen von *Zillessen, Elliger, Odeberg, Bonnard* zB. *Cheyne* 314–318.353–389; *Pauritsch* 30–51. 144–218; *Sehmsdorf; Hanson* 79–100.134–186; *Vermeylen* 454–458. 491–503; Kommentare zSt. [80] 491–503.

[81] Zu keiner der vorgeschlagenen großjesajanischen Schichten seit der von Jes 35 fügt sich das Völkerprofil der Aussagen von Jes 19,18–25; 25,6f, auch 18,7 (vgl. 45,14). Noch jünger als die in Jes *63–66 greifbare Schicht wird 25,8 sein (vgl. demgegenüber 65,20).

Ein weiteres Indiz ist der bekannte Sachverhalt,[82] daß diese Schlußschicht in 63,7–66,24 mit der Vorschaltung von 56,1–8 bewußt so angelegt ist, daß sich Inklusionen für den Abschnitt Jes 56–66 ergeben;[83] vgl. 66,18–24/56,1–8; 66,1–24/56,9–57,13; 65,16b–25/57,14–21; 65,1–16a/58; 63,7–64,11/59,1–15a; 60,1–63,6/59,15b–21. Die Stellung der Hauptaussagen dieser Schicht an das Ende von Großjesaja hat nicht nur äußerliche Gründe, sondern hängt auch mit dem Sachinteresse zusammen, an *56–63,6 anzuknüpfen und diese voraufgehende Sicht zurechtzurücken. Schließlich gibt es Anzeichen, daß diese Schicht auch großjesajanische Inklusionen bis in den Protojesajabereich angestrebt hat. Vom Rahmenbezug Jes 66/Jes 1 war schon die Rede, vgl. aber auch 66,19ff/2,2–5; – 66,5ff/5,19; 8,15; 7,14; – 66,1–4/8,18; – 65,17ff/24,4; 30,29; 11,6–9; – 65,1–16/31f; – 63,7–64,11/33; – 63,1–6/34.

Gemäß diesem Vorschlag hätte es einen Propheten „Tritojesaja" nie gegeben. Und eine selbständige Schrift „Tritojesaja" auch nicht. Jes 56–66 bestünde in der vorliegenden Gestalt vielmehr aus Redaktionstexten, aus produktiven Fortschreibungen an vorhandene Komplexe, zunächst an Jes 40–55, sodann aber in mindestens drei aufeinanderfolgenden Stufen großjesajanischen Ausmaßes. Für deren erste versuchten wir an dem für sie bezeichnenden Text Jes 35 den Nachweis zu führen. Alles weitere ist Vorschlag, der sich an Hand des Befundes zu Jes 35 nahelegen könnte, aber eingehender Prüfung bedürfte. Diese Prüfung muß sich im einzelnen und ganzen zunächst am Binnenraum des Jesajabuches und an der Herkunft, der Reichweite und dem relativen Verhältnis seiner Textschichten orientieren. Die Frage der absoluten Datierung ist demgegenüber ein zweites Problem. Unser Vorschlag ergäbe in dieser Hinsicht für den Tritojesajabereich ein unübliches, aber nicht unerklärliches Bild. Am wenigsten abweichend wäre die Ansetzung der Fortschreibung von Jes *40–55 um Jes *60–62; hier liegt die frühnachexilische Zeit, nicht zu lange nach Haggai und Sacharja, durchaus am nächsten.[84] Wenn man jedoch die großjesajanische Schicht von Jes 35 wie uns am wahrscheinlichsten in den Ausgang des 4. Jahrhunderts v. Chr. und die Situation des Zusammenbruchs des Perserreichs zu setzen hat,[85] kämen die beiden großjesajanischen Fortschreibungen danach, denen der Großteil des tritojesajanischen Textguts zugehört, erst in das dritte vorchristliche

[82] Vgl. zusammenfassend *Rendtorff* 208f.

[83] In das Bezugsystem ist anders als bei *Rendtorff* auch Jes 60–62 einzubeziehen!

[84] Dies die übliche Ansetzung.

[85] Vgl. unten IV 1; V.

Jahrhundert zu stehen. Die Gruppenauseinandersetzungen, die diese Texte spiegeln – jüngst eindrucksvoll von *Hanson* untersucht[86] –, wären solche im Jerusalem erst dieser späten Zeit unmittelbar vor der kanonischen Unveränderlichkeit des Jesajabuches, wie es Sirach bereits voraussetzt, während die Forschung in der Regel lieber an weit frühere Konstellationen der nachexilischen Zeit denkt.[87] Doch ist im Blick auf die Spätdatierung Folgendes in Betracht zu ziehen. Einmal: Das tritojesajanische Textgut dieser Zeit erscheint durchweg als schriftgelehrte Prophetie, die mit vorgegebenen Formulierungen aus dem Bereich des Zweiten und Ersten Jesaja operiert und darauf bezogen ist, dazu mit Formulierungen aus schriftprophetischer Tradition und nicht zuletzt aus nachexilischen oder nachexilisch tradierten Psalmen; das Bild hier ist eher noch deutlicher als in der Jes 35-Schicht und spricht erst recht für späte Entstehungszeit. Zweitens: Die Anklagen in Jes *56–66 sind, wie mit Recht *Hanson* wieder betont hat,[88] nicht einfach Beschreibungen aktueller Zustände, sondern weitgehend unter Aufnahme von Anklageformulierungen aus der schriftprophetischen Tradition formuliert, erweisen sich also gegenüber zeitgeschichtlichen Erkundungen eher spröde. Drittens: Das Gebet Jes 63,7–64,11 darf nicht als Hinweis auf aktuell bestehende Zerstörungen im Jerusalem und Juda der Zeit genommen werden; es ist Ausdruck der auch sonst in diesem späten Zeitumkreis belegbaren dtr. Sicht, in der das Gericht von 587 v.Chr. mit Tempel- und Stadtzerstörung gegen den Augenschein und in kritischer Distanz zum Serubbabel-Tempel weiter andauert[89] – eine theologische Position, nicht lediglich eine zeitgeschicht-

[86] 32–208.

[87] Vgl. Einleitungen in das AT und jüngst z.B. *Pauritsch* 246ff; *Hanson* 32–208; *Achtemeier* (s. III Anm. 60) 16.

[88] 100–202.

[89] Vgl. *Steck,* Israel, zusammenfassend 185f, Register unter „Tempelkritik" (besonders 203 Anm. 3) und die Behandlung der Stellen Dan 9,4b–19 (113f Anm. 10); Tobit 14,5 (148 Anm. 8, beachte die Einschränkung gegenüber dem nachexilischen Tempel und die Erwartung eines eschatologischen Baus von Jerusalem und Tempel); aethHen 89,73; 90,28f (154 Anm. 3; 156 Anm. 2; Kritik des nachexilischen Tempels und Erwartung eines eschatologisch erbauten); aethHen 92,13 (153 Anm. 4; eschatologischer Neubau des Tempels) – Stellen in Textbereichen, die auch sonst dieser großjesajanischen Schlußschicht nahezustehen scheinen. Zum Befund in Dan 9,24–27 vgl. *Steck,* ThB 70, 280ff. – Unbeschadet solcher perspektivischen Prägung ist zu erwägen, ob diese Jerusalem-Aussagen in Jes 63f mit einer Eroberung Jerusalems durch Ptolemaios I. im Jahre 302/1 v.Chr. zusammenhängen; vgl. zu dieser *M. Hengel,* Juden, Griechen und Barbaren. Aspekte der Hellenisierung des Judentums in vorchristlicher Zeit (SBS 76), Stuttgart 1976, 33f; *P. Schäfer,* Geschichte der Juden in der

liche Situation ist mit diesem Gebet aufgegriffen. Entsprechendes gilt von den Bau-Aussagen 58,12, die auf 61,4 vorweisen: vom Wiederaufbau im eschatologischen(!) Sinne als Zug des Heilseintritts ist die Rede. Die Texte in „Tritojesaja" geben die kritische Sicht(!) einer Position im Gegenüber zu einer anderen wieder; insofern verbietet nichts eine Datierung nach Nehemia. Viertens: Die Beobachtungen in der Forschung, daß einzelne Aussagen in Tritojesaja in besonderer Nähe zu Aussagen in Daniel und äthHenoch stehen,[90] sind im Rahmen unseres Vorschlags besonders bezeichnend. Fünftens: Sind die Tritojesaja-Aussagen in ihren vorliegenden Zusammenhängen von vornherein Fortschreibungen im Rahmen großjesajanischer Jesaja-Überlieferung, so muß für ihre Gestaltung auch bedacht werden, daß sie Worte des Jesaja sein wollen – auch dies eine Schranke für die unmittelbare Abbildung zeitgeschichtlicher Gegebenheiten.

Theologiegeschichtlich zeigt vor allem die letzte der großjesajanischen Schichten, folgt man unserem Vorschlag, eine interessante Position. Während die vorletzte Schicht noch nahe bei der Redaktionsschicht von Jes 35 steht und gegenüber dieser neu nur den inneren Zuständen im Gottesvolk (anders 33,5!) neben den Völkern eine heilsverzögernde Wirkung beimißt, öffnen sich die Prophetentradentenkreise der jüngsten Schicht nun einer dtr. geprägten Sicht der Lage (vgl. 63,7–64,11 im Unterschied zu 59,9–15a),[91] die freilich differenziert wird im Blick auf eine definitive Scheidung im empirischen Israel und der Völkerwelt, die bereits gegeben und für die Heilsteilhabe im Sinne der Weissagungen des Großjesajabuches und anderer Prophetenbücher maßgeblich ist – auch dies eine Wandlung, die sich auch sonst in dtr. Tradition dieser Spätzeit beobachten läßt.[92] Will man identifizieren, dann sind diese Jesaja-Traden-

---

Antike, Stuttgart 1983, 26f (vgl. dazu die Sabbatthematik in dieser Jesaja-Schicht); auch die Formulierung Jes 63,18 (MT!, vgl. *Hanson* 84f) ist in diesem Zusammenhang zu bedenken. Vgl. zu Reflexen auf Jerusalems Ergehen zur Ptolemäerzeit in der spätnachexilischen Prophetie *R. Hanhart,* Das Land in der spätnachexilischen Prophetie, in: G. Strecker (Hrsg.), Das Land Israel in biblischer Zeit (GTA 25) Göttingen 1983, 126–140, dort 128ff.131f.134.

[90] Vgl. 57,19 mit Dan 9,7; 63,7–64,11 mit Dan 9,4ff; 66,18 mit Dan 3,4.7.29.31; 5,19; 6,25; 66,23f mit Dan 12,2, sowie die Hinweise auf Entsprechungen zu Dan, die *Sehmsdorf* 548ff.553.567f gibt, und vgl. 65,19–22 mit aethHen 5,9; 25,6; Jub 23,27–29; 66,24 mit aethHen 27,2f.

[91] In diesem Zusammenhang gewinnen die zwar nicht redaktionsgeschichtlich, aber theologiegeschichtlich-positionell wichtigen Hinweise auf dtr. Einflüsse in Tritojesaja-Texten auch dieser Schlußschicht, die *Sehmsdorf* gibt, ihre Bedeutung.

[92] Vgl. dazu *Steck*, Israel, zusammenfassend 186ff. und Register unter „Gerechte –

ten der Schlußphase auf der Seite der eschatologischen Position zu suchen, in der Prophetenorientierung und dtr. Prägung zusammenkommen; die theologiegeschichtlichen Vorgänge weniger als ein Jahrhundert später in der Asidäerzeit[93] ließen in der Schlußphase des Werdens von Großjesaja ein Stück ihres Anwegs sehen. Das angegriffene Gegenüber aber wäre in hellenismusfreundlichen, antieschatologischen (66,5!) Führungsschichten in Jerusalem und seinem Tempel zur Ptolemäerzeit zu suchen.

Wie auch immer – unser Versuch, mögliche redaktionsgeschichtliche Folgerungen aus dem Befund der in dieser Studie untersuchten Redaktionsschicht von Jes 35 anzudeuten,[94] mag zeigen, daß Jes 35 jedenfalls helfen könnte, auch in der komplexen Frage des Werdens von Jes 40–66 weiterzukommen.

Sünder". Dtr. Belege für die innerisraelitische Scheidung in Fromme und Sünder aus vorptolemäischer Zeit gibt es bezeichnenderweise nicht.

[93] Vgl. dazu *Steck,* Israel 186ff.203ff.205ff; ThB 70, 311ff.

[94] Die in unserer Studie vorgeschlagenen, redaktionellen Spätschichten von Großjesaja in der Ptolemäerzeit bedürfen nicht nur im Bereich „Tritojesaja", sondern auch in den vorangehenden Bereichen von Großjesaja, insbesondere in der literarischen Schichtung von Jes 24–27, noch weiterer Prüfung und Ausarbeitung. Daran anzuschließen ist die Korrelation des Befundes im Jesajabuch mit anderen literarischen Komplexen der Zeit, vor allem mit Psalmen und Psalmüberlieferung einerseits und mit spätprophetischen Zeugnissen (mit Maleachi – wohl älter, mit jüngeren Schichten in Joel und vor allem mit Sach 9–14). In diesem Rahmen sind dann auch die bezeichnenden Parallelerscheinungen zu erörtern und zu orten, die *Robert Hanhart* trotz seiner m.E. problematischen Einordnung von „Tritojesaja" in die frühnachexilische Zeit für die späte Prophetie der Ptolemäerzeit herausgestellt hat in seinen beiden Arbeiten „Die jahwefeindliche Stadt. Ein Kapitel aus ‚Israel in hellenistischer Zeit'" (in: Beiträge zur Alttestamentlichen Theologie, Festschrift Zimmerli, Göttingen 1977, 152–163) und „Das Land in der spätnachexilischen Prophetie" (s. oben III Anm. 89).

Skizze zum Werden von Großjesaja (Jes 1 – 66)

Beispiele der jeweiligen Redaktionstexte sind fett gesetzt.
Stern bedeutet wie üblich literarisch mehrschichtige Texte, wobei auf genaue Angaben der Schichten der Kürze halber verzichtet ist.

seit frühnach- exilischer Zeit	unverbundenes Nebeneinander von Erstem Jesaja A) Jes *1.*2 – 11.*13 – 34 B) Jes *1 – 11.*13 – 34 36 – 39	 und	 Zweitem Jesaja Jes *40 – 55 mit Anfügung 60,1–11.13–16; 61 erweitert um 62,1–7
Zusammenbruch Perserreich/ Diadochenkämpfe	Jes *1 – 11 (darin neu: **11,11–16**); 13 (darin neu: **13,5–16**); *14 – 22; **23**(?); ***24 – 27,12f**; *28 – 34 (darin neu: **30,18–26**(?)); **34,2–4**); **35**; 36 – 39 zusammengefügt mit Jes *40 – 55 (darin neu: **51,1–8.11–16; 52,3–6**(?)); 60,1–11.13–16; 61; 62,1–7; **62,10–12**		
vor 302/1 v. Chr.	Jes 1 – 3; **4,2–6**; *5 – 29 (darin neu: **29,17–24**(?)); 30 – 33 (darin neu: **33,14f**); 34 – 55; **56,9 – 57,19; 58,1–12; 59,1–21**; 60 – 62 (darin neu: **60,17–22; 62,8f**); **63,1–6**		
nach 302/1 v. Chr.	Jes 1 – 11; **12,1–6**); 13 – 22 (darin neu: **14,1–3**(?)); 23(?); ***24 – 27**; 28 – 55; **56,1–8**; 56,9 – 57,19; **57,20f**; 58,1–12; **58,13f**; 59 – 60,11; **60,12**; 60,13 – 63,6; **63,7 – 66,24**		
konsolidierte Ptolemäerzeit	letzte Einzelzusätze wie z. B. **(18,7?); 19,18–25; 25,6f.8**		

IV. Zur weiteren Charakterisierung des Ergebnisses

Nach den Detailstudien der drei voranstehenden Abschnitte soll unser Ergebnis zum Abschluß noch in einem allgemeineren Rahmen redaktionsgeschichtlicher Charakterisierung bedacht werden.

1. Jes 35 – kein Text von Jesaja

Jes 35 stammt nicht vom Propheten Jesaja, so wenig wie die unmittelbaren Bezugstexte Jes 33–34 und Jes 40ff. Nach allem, was wir gesehen haben, sind die Aussagen von Jes 35 und die weiteren in Großjesaja, die dieser Schicht zugehören, demgegenüber jung. Die Erwartung eines umfassenden Weltgerichts, die bereits mit Jes *24–27 in Verbindung steht, die Hervorhebung von „Assur" und Ägypten, das Interesse an der Heimkehr der Diaspora besonders aus diesen Gebieten – schon dies weist am ehesten in die Zeit bald nach dem Ende des Perserreiches. Wir treffen hier also auf nachexilische Prophetie im Jesajabuch – vier Jahrhunderte nach Jesaja selbst.

Wer sich solchen Erscheinungen in den Prophetenbüchern zuwendet, steht inmitten eines Arbeitsgebietes, das gegenwärtig einen Schwerpunkt alttestamentlicher Forschung darstellt:[1] die Untersuchung der produktiven Fortschreibung der Prophetenüberlieferungen auf ihre Implikationen, ihr Verfahren und ihren Sinn. Das war nicht immer so. Lange war das Interesse einseitig auf die genialen Prophetenpersönlichkeiten selbst gerichtet, auf den Höhepunkt, den sie in einer religionsgeschichtlichen Entwicklung im Alten Israel bilden, auf die neuen Perspektiven, die sie eröffnen, auf den ästhetischen Rang, der ihre Aussagen kennzeichnet, während das jüngere Gut der Prophetenbücher als Glossen und Zusätze geringeren Wertes angesehen wurde. Ein Aufsatz von *Hans Wilhelm Hertzberg* aus dem Jahre 1936 mit dem Titel „Die Nachgeschichte alttestamentlicher Texte innerhalb des Alten Testaments" markierte einen Wendepunkt. Es heißt darin: „Man wird überhaupt dem Buche Jesaja nicht gerecht, wenn man es als ein Konglomerat verschiedenartigster Bestandteile und als Tummelplatz herrenloser Prophetien und indiszipli-

[1] Vgl. die Literaturhinweise in *Kaiser,* Einleitung §§ 24.26; ferner *Barth* 301ff; *W. H. Schmidt* 37ff. Bei *Kraus* § 98 ist dieses aktuelle Arbeitsgebiet noch nicht aufgenommen.

nierter Redaktoren ansieht."[2] Heute ist diese Mahnung in einer großen Zahl redaktionsgeschichtlicher Untersuchungen zu den Prophetenbüchern beherzigt. Heute wissen wir, daß diese Bücher ihre Gestalt nicht einfach den ipsissima verba des Propheten selbst und einem mehr oder minder großen Zuwachs einzelner Zusätze und Glossen verdanken, sondern einem Grundbestand verschrifteter, für künftige Weitergabe aufgezeichneter Kernüberlieferung des Propheten selbst, die Eigenart und Sprachgestalt von dessen ursprünglich mündlichem Wirken nur noch im Rückschluß erfragen läßt,[3] und neben Glossen und Einzelzusätzen vor allem großen Redaktionsvorgängen produktiver Aneignung und Neuinterpretation des jeweils Überlieferten, die vielfach mehrstufig verlaufen und sich über Jahrhunderte erstrecken. Dies haben für den Protojesajabereich[4] jüngst vor allem die eingehenden Arbeiten von *Fohrer, Kaiser, Vermeylen, Barth, Ackroyd* und *Wildberger* erbracht, auch wenn die Ergebnisse noch in vielem divergieren. Unsere Studie ist ein Beitrag in diesem Rahmen.

2. *Jes 35 – kein Einzeltext*

Jes 35 ist nicht ursprünglich eine selbständige Einzelprophetie aus nachexilischer Zeit ohne erkennbare, direkte Beziehungen zu schriftlichen Prophetenüberlieferungen, so daß lediglich an gemeinsame Verwurzelung etwa in einer lebendigen kultprophetischen Geistes- und Sprachwelt zu denken wäre. Jes 35 hat vielmehr auch direkte Kenntnis uns überkommener Prophetenüberlieferung, und zwar aus dem Ersten und Zweiten Jesaja vor allem. Unsere Untersuchung hat darüber hinaus ergeben, daß solche Textkenntnis zur Erklärung der Eigenart von Jes 35 allein nicht genügt. Dies Kapitel kennt nicht nur Texte aus dem Jesajabuch und verarbeitet sie, dies Kapitel war nie ein von Haus aus selbständiger Text; es ist von

---

[2] 79. – Vgl. zu den Perspektiven der skandinavischen Forschung dieser Zeit *H. Birkeland,* Zum hebräischen Traditionswesen. Die Komposition der prophetischen Bücher des Alten Testaments, 1938; *I. Engnell,* Gamla Testamentet I, 1946; *S. Mowinckel,* Prophecy and Tradition, 1946.

[3] Vgl. für Jesaja *Steck,* Wahrnehmungen 149–203, besonders 171ff, und vor allem für Hosea *Jeremias,* Textgemäß, besonders 58; SBS 100, 80ff, besonders 80f; Hosea passim. – Skeptisch gegenüber einer Kernüberlieferung von Worten Jesajas selbst ist *Kaiser,* vgl. Jesaja 1–12, 19–25; Einleitung 234f.

[4] Literaturhinweise für den Bereich des Zweiten Jesaja s. oben I Anm. 4; III Anm. 18.60.

vornherein in das Jesajabuch geschrieben. Nicht als Einzelzufügung zu einem oder zwei vorgegebenen Texten der Jesajaüberlieferung, sondern als Brückentext zwischen dem Ersten und dem angefügten Zweiten Jesaja und als extensiver Bestandteil einer großjesajanischen Schicht, die dieses erweiterte Jesajabuch in seinem damaligen Umfang umschließt, verbindet und gliedert.

In Jes 35 haben wir also die Spur einer Großjesaja-Redaktion angetroffen, auch wenn diese Redaktion von Jes 35 ausgehend in unserer Studie erst fragmentarisch verfolgt werden konnte. Nun darf man diese Redaktionsaussagen nicht nur isoliert betrachten; sie wollen zusammengesehen sein mit dem Ganzen der Textkomplexe, die sie redigieren; nur aus diesem Bezug zeigen sich Funktion und Reichweite von Redaktionstexten, die das Ganze einer vorgegebenen Textgrundlage neu akzentuieren wollen. Wie sich auch in unserer Untersuchung zeigte, werden Entstehung und Sinn der Redaktionsaussagen allein aus der Verbindung mit dem überkommenen Textgut verständlich, auf das sie Bezug nehmen; auch die Position der Einschaltung redaktioneller Aussagen in das Überkommene ist dafür von wesentlicher Bedeutung. Es handelt sich also bei solcher Redaktion um eine produktive Interpretation, um eine Fortschreibung im quantitativen und qualitativen Sinn bezüglich des ganzen Großjesajabuches, auf das sie sich bezieht. Diese Redaktion prägt Großjesaja im ganzen eine wesentliche Perspektive ein: die Verbürgung künftiger Heimkehr der Zerstreuten Israels nach Zion, wohlbereitet bis hin zum Heimzugsterrain, angesichts eines Weltgerichts, das die Völker und Weltbereiche zuvor schier ausnahmslos treffen wird, auf daß sich in dieser Heimkehr das Ziel Jahwes mit dem Gottesvolk verwirkliche. Schon die Abfolge dieses Großjesaja zeigt es: Nach dem vorlängst geschehenen Gericht Jahwes über das Volk (Jes *1–11), nach der künftigen Vernichtung der Völkerwelt (Jes *13–27 sowie entsprechende Aussagen in Jes *28–34 und 40ff) wird sich die in der Gegenwart bereits wieder gegebene Präsenz Jahwes beim Zion vollenden in der unbedrohten, nunmehr vereinigten Existenz des Volkes als „heiliges Volk“ (62,12) an dieser Stätte der Anbetung (27,13) im Heilsland davidischer Größe (11,13f; 27,12).

Wie wir sahen, setzen Entstehung und Wahrnehmung dieser Perspektive großjesajanischer Redaktion bereits den Raum einer intensiven Lesekultur voraus, in dem Wortlaut und Abfolge der Überlieferungskomplexe aus dem Ersten und Zweiten Jesaja aufs genaueste bekannt sind, und nur im ständigen Lesen und Lernen dieses Großjesajabuches als solchen erschließt sich die Absicht dieser Redaktion. Wir haben es dabei nicht mit Volksliteratur zu tun und gewiß nicht mit einem Werk, das sich primär an die allgemeine, judäische Öffentlichkeit der Tempelgemeinde richtet. Hier trifft man auf einen professionellen Bereich von Schriftstudium und Schriftgelehrsamkeit, deren Träger allerdings ihrerseits aufgefordert werden, mit ihren Perspektiven aus dem Jesajabuch stärkend, klärend in dieser Öffentlichkeit zu wirken (35,3f).[5] Man fühlt sich an Funktionen erinnert, die später in Sirach auch als solche des Weisheitslehrers belegt sind;[6] doch läßt die durch Jes 35 bezeichnete Redaktionsschicht keinerlei dominant weisheitliche Prägung erkennen. Wer die aller Wahrscheinlichkeit nach im Umkreis des Jerusalemer Tempels wirkenden Träger dieser nachexilischen Jesaja-Redaktion waren, wissen wir nicht. Sie einer in der ganzen Überlieferung des Jesajabuches wirkenden, besonderen „Jesaja-Schule" zuzurechnen,[7] scheitert an der Fragwürdigkeit dieser These; andere Vorschläge bleiben unsicher.[8]

3. Jes 35 – keine mündliche Prophetie

Jes 35 ist nicht von Haus aus mündliche Prophetie, die nachträglich dann aufgezeichnet wurde. Insofern sind die besonderen Kennzeichen der Erstverschriftung mündlicher Prophetenüberlieferung,[9] die jüngst in eindrucksvoller Weise *Jörg Jeremias* für das Hoseabuch herausgearbeitet hat, im Falle von Jes 35 – abgesehen von der Voraussetzung gründlicher und fortlaufender Lektüre des Prophetenbuches, die dessen hintere Partien erst erschließt – nicht mehr anzutreffen. Das Verfahren, dem man hier

---

[5] Angesichts der „prophetisch-liturgischen" Gestaltung von Jes *33 kann man jedenfalls für die Schicht eines mit Jes *33–34 schließenden Protojesajabuches erwägen, ob in den Rahmen eines Öffentlichkeitswirkens der Tradenten nicht auch liturgische Lesungen dieses Buches gehören; vgl. zur Diskussion jüngst *Barth* 287f; *Murray* hingegen erörtert rituale Hintergründe von Jes 33.

[6] Sir 39,1; vgl. zu den Prophetenaussagen in Sirach *Steck*, Israel 147.205 Anm. 2.

[7] Vgl. jüngst *Vincent; Eaton.*

[8] Dies gilt auch von der Sicht *Kaisers,* der seine nachexilisch angesetzte Protojesaja-Überlieferung mit den „levitischen" Kreisen verbindet, „aus deren Reihen die deuteronomische und die deuteronomistische Bewegung entstanden war", und diese in den Sängergilden am zweiten Tempel wiederfindet (Jes. 1–12,24f). Wie ist aber dann zu erklären, daß die homogenen dtr. Sprachschichten, die man seit der Exilszeit jahrhundertelang weiterverfolgen kann, und die von den Jerusalemer Kulttraditionen der Tempelsänger geprägten Sprachschichten, die besonders in Jes 40ff greifbar werden, Protojesaja gerade nicht prägen? Vgl. vielmehr *Petersen* 55ff.87.98f.

[9] Vgl. die oben IV Anm. 3 genannten Arbeiten, aber auch schon *Willi-Plein* 247f; *Zimmerli,* ThLZ 1979, 483ff.

begegnet, ist vielmehr geprägt von der Vorlage längst schriftlicher Textkomplexe, die überbrückt und in der Einheit neuer Perspektiven verbunden werden sollen. Abfolge und Wortlaut dieser Komplexe stehen für Jes 35 fest;[10] diese Redaktion greift, soweit wir sehen, in die vorgegebenen Texte nicht ein und nimmt – im Gegensatz zu früheren Redaktionsvorgängen[11] – auch keine Umstellungen im Überlieferungsgut mehr vor. Ihre Perspektive macht sie vielmehr durch Einfügungen an exponierten Stellen im vorgegebenen Ablauf der zusammengefügten Komplexe Jes *1–39 und Jes *40–62 geltend: Vielleicht in 1,27f bereits beiläufig am Anfang, sicher aber an den markanten Positionen vor Beginn der Fremdvölkerorakel (11,11–16) und an deren Ende (27,13), am Ende der Logienüberlieferung von Protojesaja mit deutlichem Vorblick auf den Anfang des Zweiten Jesaja (Jes 35) sowie am Ende des ganzen Redaktionswerkes (62,10–12). Auf die Verzahnungen mit den Kontexten im Nahbereich wird dabei besonderer Wert gelegt, wie sich vor allem in Jes 11,11–16, Jes 35, aber im Blick auf das Voraufgehende auch in 62,10–12 erkennen läßt. Insofern diese redaktionellen Markierungen in der Sachthematik übereinstimmen und in den jeweils genannten Aspekten zu einem fortschreitend-stimmigen Gesamtbild der Heimkehr führen,[12] kann diese Redaktion dem gelehrten Leser sachlich dieses ganze, neu interpretierte Jesajabuch umschließen. Rückverweise und Vorverweise zwischen den Redaktionsaussagen, aber von diesen aus auch auf bereits vorgegebene Texte im Jesajabuch, Abbreviaturen bereits an früherer Stelle gelesener Aussagen des Buches leisten ein übriges, Redaktion und unangetastete Vorlagen dennoch so weit wie möglich sachlich zu einem neuen Ganzen zu verschmelzen. – Daß diese Redaktion den Wortlaut ihrer Aussagen durch ausdrückliche Bezugnahmen auf Formulierungen im Großjesajabereich bereits vorgegebener Texte gewinnt, wie wir vor allem bei Jes 35 und Jes 62,10–12 gesehen haben, sollte man nicht als Schwäche verstehen. Gewiß, hier ist textorientierte, schriftgelehrte Prophetie am Werk, aber dieses Verfahren hat einen sachlichen Grund: Bezugnahmen auf vorgefundene, aber auch neugeschaffene Formulierungen dienen einer leserorientierten Binneninterpretation innerhalb des Buches!

Sachlich kommt es dabei keineswegs nur zu formalen Akzenten oder inhaltlichen Hervorhebungen in dem, was die Überlieferung ohnehin

---

[10] S. oben I 3; II 3.

[11] Vgl. die Umstellungen im Bereich von Jes 5–10 und die Bildung von Jes 1 als Einleitung mittels Texten, die bislang an anderer Stelle in der Jesaja-Überlieferung standen; vgl. dazu *Barth* 109ff.192ff.203ff bzw. 217ff.286f.

[12] S. oben III 2.3; 2.4.

schon an sich selbst aussagt. Die in Jes 35 greifbare Redaktion bringt auf diese Weise durchaus neue Sachaspekte in das Vorgegebene ein, die zeigen, wie die überlieferten und jetzt verbundenen Komplexe nunmehr gelesen und verstanden werden sollen. Einer dieser neuen Sachaspekte ist nicht auf das literarisch Vorgegebene selbst bezogen, sondern erwächst aus der Spannung zwischen Überlieferung und Erfahrung, wie sie offenbar die Gegenwart dieser Redaktion kennzeichnet: Er besteht in der Bekräftigung von vorgegebenen Aussagen angesichts der Heilsverzögerung und kam vor allem in 35,3–4 zum Vorschein.[13] Auf die überlieferten Aussagen direkt aber ist der Sachaspekt der Ergänzung dieser Überlieferung bezogen. Wir haben ihn für Jes 35 selbst schon oben genauer besprochen.[14] Zu ihm ist aber auch Jes 11,11–16 zu rechnen – als Zufügung des Themas von Sammlung und Heimkehr zu den überlieferten Heilsaspekten von Jes *1 – 11, und ebenso ist Jes 27,13 nach Jes *13 – 27 und die Aussage zur Situation unmittelbar vor der Ankunft der Heimkehrer nach Zion in 62,10–12 zu sehen. Wie genau bei diesen Ergänzungen überlieferte Kontexte bedacht werden, zeigt nicht nur Jes 35, sondern in Jes 11,11–16 auf dem Hintergrund von Jes 6 – 9 der Zug, daß eine Versöhnung von Ephraim und Juda zum künftigen Heilszustand im Lande gehört, wie umgekehrt der Redaktion ja auch daran gelegen war, angesichts von Jes 13.*24 – 27 und Jes 34 Züge des Heilszustandes in Zion bereits auf den Heimkehrvorgang zu übertragen. Daß in Jes 11, Jes 27 und indirekt in Jes 35 neben „Assur" auch Ägypten als Bereich der Heimkehr besonders genannt wird, spiegelt die Diasporasituation zur Zeit dieser Redaktion und ergänzt gegenüber den im Zweiten Jesaja vorgefundenen Aussagen von der Heimkehr aus Babel. Besonders auffallend aber ist als dritter der neue Sachaspekt der Veränderung, ja Korrektur des Vorgegebenen. Daß die Redaktion die Gerichts- und Heilsvorgänge als zeitliches Nacheinander systematisiert und dabei Zeitperspektiven in der Überlieferung eingrenzt, haben wir im Gegenüber von Jes 35 zu Jes 34 bereits gesehen.[15] Es zeigt sich aber auch im makrostrukturellen Bereich dieser Redaktion durch die Neugliederung, die sie dem Material aufgeprägt hat. Auf die Aussagenfolge von Schuld und vorlängst ergangenem Gericht über das Gottesvolk (Jes *1 – 11) folgt nun systematisiert hintereinander ein Fremdvölkerteil (Jes *13 – 27), der sachlich im künftigen Weltgericht mündet, und ein Heilsteil (Jes *28 – 62); dadurch wird der ältere Fremd-

[13] S. oben I 5; II 2.3.
[14] S. oben II 3.
[15] S. oben II 3.

völkerteil (Jes *13–22.*28–34) getrennt und in seinem zweiten Teil auf eine neue Perspektive ausgerichtet. Noch gravierender sind die Veränderungen der redaktionellen Neuformulierungen gegenüber dem aufgegriffenen – an seinem Standort aber unangetasteten! – Wortlaut des Vorgegebenen. Hier wird de facto korrigiert: in Jes 35 gegenüber Jes 34 und vor allem gegenüber Jes 40,1–11, in Jes 62,10–12 wieder gegenüber 40,1ff, aber gegenüber Jes 60 oder Jes 52,7–10.11–12 nicht minder. Die Korrektur betrifft nicht eigentlich den Gehalt der vorgegebenen Aussagen, wohl aber ihre Zeit. Jes 34 gilt, aber als ein jedenfalls für das Terrain zeitlich begrenztes Geschehen. Entsprechend will die Redaktion Stellen wie Jes 40,1–11 und 52,7–10 gelesen wissen – nicht mehr durchweg als Weissagungen des auch zu ihrer Zeit noch Künftigen, in dem sich Heimkehr Jahwes und Heimkehr der Diaspora zusammen ereignen werden, sondern als Aussagen der bereits erfolgten, in der Gegenwart wieder realisierten Heimkehr Jahwes zum nachexilischen Tempel auf dem Zion, die die künftige Rückkehr der Diaspora verbürgt. Heil des Gottesvolkes ist in dieser Redaktionsschicht ja nichts rein Zukünftiges; nur die Vollverwirklichung im Blick auf das Ende der Völkerwelt und die Heimkehr der Zerstreuten steht noch aus.[16] – In welcher Autorität wird solch ein eingreifendes Redaktionsverfahren durchgeführt?

4. Jes 35 – ein Text mit Jesaja-Autorität

Jesaja 35 ist von Jesaja. Das ist die lapidare Antwort, die dieser Text für sich und seine ganze großjesajanische Redaktion auf die gestellte Frage gibt. Und dies, obwohl nicht nur diese Redaktion, sondern schon ihre unmittelbar aufgegriffenen Bezugskontexte im Jesajabuch keinen Kern enthalten, der auf Jesaja selbst zurückginge. Um diese Antwort zu begreifen, ist gewiß wichtig festzuhalten, daß diese Redaktion in einer Phase erfolgt, da vorgegebene Prophetenüberlieferungskomplexe wie Erster und Zweiter Jesaja zwar in ihrem erreichten Bestand und ihrer Formulierung als solche unveränderlich sind, aber noch nicht kanonisch geschlossen. Jenseits dieser Grenze muß dann in separaten Textbildungen Vorgegebenes interpretiert werden, wie das Jubiläenbuch oder die Pescharim aus Qumran zeigen, die sich im einen Fall durch die Notwendigkeit einer eigenen Interpretations-Offenbarung auszeichnen oder im anderen durch eine vom Text abgesetzte Interpretation, die sich sachlich

[16] S. oben III Anm. 19.

von dessen Aussage und Gesamtanlage weit entfernt und ihn wie ein enträtseltes Geheimnis behandelt – völlig anders als unsere Jesajaredaktion! Aber mit dem Hinweis auf den Kanon ist das Phänomen der Jesajafortschreibung, das sich analog natürlich auch bei anderen Prophetenbüchern stellt, nur geortet, nicht erklärt. Es zureichend zu verstehen, ist noch nicht gelungen. Allein schon zu seiner Beschreibung muß man sich frei machen von der Ansicht, produktive Neuinterpretation nicht im eigenen, sondern im Namen des Interpretierten deute auf Manipulationen usurpierter Autorität. Wäre dem so, so müßte man erwarten, daß der Legitimation der neuen Aussagen als alter besondere Aufmerksamkeit gewidmet wäre, wie es dann in den Offenbarungsschriften geschieht, die nicht ohne Grund allermeist erst nach dem kanonischen Abschluß der Tora und der einzelnen Prophetenschriften auftreten. Natürlich gibt es da und dort prophetische Einzelüberlieferungen der jüngeren Zeit, die sich auf den Offenbarungsempfang ausdrücklich abstützen; der unter die Fremdvölkerorakel inkorporierte Spruch Jes 21,1–10 ist ein Beispiel dafür; bezeichnenderweise aber gibt er sich nicht als Offenbarung des Propheten Jesaja. Weitaus die meisten der nachjesajanischen Partien im Jesajabuch und ebenso die Redaktionen zeigen jedoch keine Spur eines Bedürfnisses, sich besonders zu legitimieren: keine gewichtigen Einführungsformeln, keine solennen Offenbarungshinweise, keine quasihistorischen Einkleidungen als Jesajabotschaft – selbst die Jesaja-Erzählungen verdanken Entstehung und Gestalt nicht dem Bestreben, ihre Aussagen als Jesaja-Aussagen zu legitimieren. Nein – das ist das Erstaunliche: Jes 35 etwa und die anderen Stellen produktiver Neuinterpretation fahren einfach weiter im Text, im unmarkierten Anschluß an das Vorgegebene. Will man die Legitimationsfrage an dieses gegenüber Jesaja so viel jüngere Gut stellen, so erhält man nicht mehr als die Antwort: Diese Aussagen haben ihre Legitimation dadurch, daß sie im Jesajabuch stehen. Was steht hinter dieser Antwort?

Sicher nehmen diese Aussagen damit die Autorität Jesajas selbst für sich in Anspruch, genauer: ihr de facto neues und um Jahrhunderte jüngeres Wort *ist* Jesajas Wort! Im Rahmen dieser Sicht werden auf der von uns untersuchten Redaktionsebene bekannte Überlieferungskomplexe vereinigt, von denen zwar der Erste, nicht aber der Zweite (Jes *40–62) unter Jesajas Namen stand, und ohne Scheu fortgeschrieben. Wir müssen uns also für das Vorgehen dieser Tradenten freimachen von der neuzeitlichen Frage, warum etwa eine Verpflichtung gegenüber der Originalität und Eigenständigkeit des Propheten selbst eine Fortschreibung in seinem Namen nicht verhindert hat. Was die neuen und jüngeren Aussagen für die Tradenten zu Jesaja-Aussagen macht, muß vielmehr eine Sachbeziehung sein, die diese Aussagen im Verbund mit den vorgegebenen haben; die häufigen redaktionellen Bezüge des Neuen auf das Überkommene zeigen es.[17] Man könnte es auch so sagen: In diesen Vorgängen wollen offenbar nicht Spätere ihr Wort Jesaja unterstellen, wie es für unsere historische Sicht scheint. In den Augen der Tradenten verläuft das Geschehen vielmehr umgekehrt: Jesaja spricht aus ihnen im Anschluß an das von ihm Überlieferte weiter; was sich im Bedenken der Jesaja-Überlieferung an Einsicht, Gewißheit, Formulierung einstellt, ist nach wie vor von Jesaja geredet. Diese Sachbeziehung der Tradenten zu Jesaja, die eine sachliche Identität Jesajas mit ihnen ist, gründet offenbar darin, daß Überlieferung auch da, wo sie Neues, Eingrenzendes und Weitergehendes gegenüber der Vorlage sagt, ihrem Selbstverständnis nach nichts anderes tun will als Jesaja explizieren, verdeutlichen, systematisieren, weiterdenken, anwenden unter den Konstellationen einer neuen, ihrer eigenen Zeit. Insofern bleiben die Tradenten auch in ihrer produktiven Neuinterpretation gleichsam „in" Jesaja, und so gesehen sind auch diese neuen und viel jüngeren Aussagen zusammen mit den überlieferten und in konstitutivem Sachbezug zu ihnen von Jesaja, wie er überkommen ist.

Wie kann Jesaja eine so weitreichende Autorität haben, daß sich auch die Tradenten noch von ihr umschlossen wissen? In dem gesamten, komplex langzeitigen Entstehen des Jesajabuches ist Jesaja bei den Sammlern und Tradenten offenbar immer als Ursprung einer bleibenden Wahrheit gesehen; dies ist das Recht der historisch so fragwürdigen Annahme einer über lange Zeit kontinuierlichen Gruppe einer besonderen Jesaja-Schule. Jesaja ist gesehen als Träger einer Wahrnehmung Jahwes, und deren Qualität ist es, an der Jesaja in der Sicht der Tradenten Anteil hat. Weil seine Jahwewahrnehmung als eine nach wie vor gültige gesehen wird, in der Jahwe sich bleibend erschließt und damit auch Sinn und Stunde der Zeit, in der die Späteren leben, deshalb hat der überlieferte Jesaja selbst teil an der allzeitigen Relevanz Jahwes für Welt und Gottesvolk. Weil das in der prophetischen Überlieferung Überkommene in diesen Kreisen tragende und erhellende Wahrheitsperspektive auch für die spätere Zeit bleibt, eben deshalb wird es in den produktiven Fortschreibungen – von den frühen bis zu den späten in der Art der Redaktionsschicht von Jes 35 – in

---

[17] Nachweise bieten redaktionsgeschichtliche Untersuchungen zu den Prophetenbüchern in Überfülle, vgl. z.B. *Willi-Plein* und für Protojesaja besonders *Vermeylen; Barth.* In den interpretativen Kopien der Jesaja-Handschriften setzt sich dieser Vorgang an Einzelstellen noch fort, vgl. zu Q^a und LXXJesaja die Literaturhinweise bei *Barth* 304(ff) sowie *van der Kooij* 22–119.

sich folgerichtig weiter als „Jesaja" expliziert. Oder – wie es *H. Barth* formuliert:[18] „Die Bedingung der Möglichkeit solcher Neuinterpretation ist die Überzeugung, daß das prophetische Wort – um es weit zu fassen – mehr enthält, mehr in sich birgt, als es nach seinem strengen Selbstverständnis an seinem spezifischen historischen Ort aussagen will."

In diesem Zusammenhang wird man auch die Anfügung von Jes *40–62 sehen müssen. Offenbar hat dieser Textkomplex, auch seinerseits erst geworden, beträchtliche Zeit als prophetische Überlieferung für sich bestanden neben anderen, auch neben Protojesaja, und hat als solcher auch seine eigene Autorität in sich gehabt, wie man aus seinem bedeutenden Einfluß auf nachexilische Schichten des Alten Testaments sehen kann. Damit ist auch zu erklären, warum man es offenbar nicht für nötig befand, Weissagungen von der Heimkehr Israels schon vor der Jes 35-Redaktion extensiv in Protojesaja zu verankern – man hatte andere Überlieferungen, die dies boten, vor allem eben Jes *40ff, aber etwa auch Jer 31,7ff. Als man diesen Komplex jedoch mit Protojesaja verband und damit Jes *40–62 auch als Jesaja-Wort ansah, geschah es gewiß auf Grund wahrgenommener Sachbezüge zwischen beiden Komplexen: Insbesondere die Zion- und die Babel-Aussagen hier und dort dürften eine wichtige Rolle gespielt haben. Warum freilich die Separatüberlieferung beider Komplexe jedenfalls zur Zeit von Jes 35 nicht mehr genügte und es zur Verbindung kam, ist nur zu vermuten. Ist Jes *40–62 bislang anonym tradiert worden und bedurfte in dieser Zeit nun der Anbindung an eine große prophetische Überlieferungsautorität, wie sie Jesaja und seine Überlieferung darstellte? Oder sind es, wie auch schon vermutet worden ist,[19] eher äußerliche Gründe: Durch diese Verbindung erreicht auch die Jesajaschriftrolle in etwa erst denselben Umfang, den Jeremia, Ezechiel und das Zwölfprophetenbuch aufweisen? Oder spielt das oben beobachtete Interesse der Redaktion von Jes 35 an einer Systematisierung der Heilsvorgänge eine Rolle, für das die bisherige Jesaja-Überlieferung in Gestalt von Protojesaja der Ergänzung durch die Thematik der Heimkehr bedurfte, wie sie Jes *40ff an vielen Stellen bot?

Wie auch immer – kehrt man zum Autoritätsproblem zurück, das sich mit Jes 35 als einem „Jesaja"-Text stellt, so läßt sich pointiert sagen: Die Jesaja-Autorität dieser Tradenten ist keine geliehene, keine usurpierte, sie ist überlieferungsbezogene, gebundene Autorität – gebunden an Jahwe in Jesaja. Insofern treffen wir natürlich nicht auf Propheten, die sich unmit-

---

[18] 307.

[19] *O. Kaiser*, Einleitung in das Alte Testament, ^{4}1978, 274.

telbar und direkt jeweils neu von Jahwe gerufen wissen und damit neben einen Amos und Jesaja, aber auch Haggai und Sacharja treten. Wir treffen auf schriftgelehrte Prophetie, in deren Wissen und Gewißheit Jahwe aus Jesaja weiter spricht; allerdings – die Bindung, ja Identität, die diesen Späteren bezüglich Jesaja eignet, ist, wie wir zu Jes 35 sahen und wie sich auf Schritt und Tritt in der Prophetenfortschreibung beobachten läßt, keine sklavische, keine, die sich überlieferungshermeneutisch explizieren und verantworten müßte. Hier finden sich Aussagen, die nicht einfach nur aus der Jesaja-Überlieferung gespeist sind, sondern aus anderen Quellen: Aus einer von prophetischer Überlieferung geleiteten Zeiterfahrung – Jahwe und die Vorgänge in der Völkerwelt, aber auch Jahwe und innere Differenzen im Gottesvolk spielen vor allem eine Rolle –, aus weiteren prophetischen Überlieferungen, die als bleibendes Jahwewort gelten, wie etwa die Verwendung von Jer 31 in Jes 35 zeigt. Aber eben auch dies aus anderen Quellen Gespeiste wird an Formulierungen und Anlage des überlieferten Jesaja angeschlossen und ist insofern Reden Jahwes im Weiterreden Jesajas.

5. Jes 35 – ein Text mit eigenartigem Zeitverständnis

Jes 35 stammt vom nachexilischen Jesaja. Das historisch Absurde dieses Satzes zeigt, daß man sich nicht nur im Problem Originalität und Autorität, sondern auch in der Frage des Zeitverständnisses lösen muß von der Unterstellung unserer historischen Sehweisen, wenn man den Grundlagen der produktiven Prophetenüberlieferung näherkommen will. Auch darin verläuft das Denken in den Traditionsvorgängen noch anders. Es ist freilich nicht so, daß die Tradenten Jesaja als ein allzeitiges Wesen angesehen hätten, das sich zu jeder Zeit unmittelbar äußern kann. Jesaja ist nicht Jahwe. Jesaja ist als Person auch für diese Tradenten eine Gestalt der Vergangenheit – das ergeben Fremdberichte, Erzählungen mit konkreten Zeitumständen, Königsnamen, Datierungen in der Prophetenüberlieferung eindeutig.[20] Wenn die Aussagen der Späteren im Jesajabuch von der Autorität her gesehen fraglos als Weiterreden Jesajas selbst gefaßt werden, so gilt dies nicht minder unter dem Aspekt der Zeit: Solche Aussagen sind als Worte Jesajas aus der Jesaja-Zeit gesehen. Diese Perspektive identifiziert, auch unter zeitlichem Gesichtspunkt; sie besagt also mehr als dies, daß Worte der Vergangenheit natürlich eine Bedeutung für

---

[20] S. oben III Anm. 38.

die Folgezeiten haben können, die man formulieren kann, und erst recht mehr als die Abstraktion zu einer zeitindifferenten, allgemein-immergültigen Wahrheit.

Wie aber ist diese Verschränkung der Zeiten in der Gleichsetzung von Tradentenwort mit dem geschichtlich gesehenen Jesaja selbst zu verstehen? Offenbar hängt es wesentlich mit den bereits genannten Aspekten zusammen, daß die Tradenten ihre Aussagen als sachliche Explikation überkommener Jesaja-Worte auffassen und Jesaja in seinem Reden dabei als Ursprung von bleibend gültigen Kundgaben Jahwes selbst, die als solche nicht auf die Ursprungssituation beschränkt bleiben, sondern eine unverminderte Präsenz und Reichweite in die Folgezeit haben; für diese geben sie nicht minder die Sachgrundlage ab. Weil im prophetischen Wort sich Gott erschließt, darum kennzeichnet dieses Wort eine kontinuierliche, in neue Situationen fortschreibbare Präsenz durch die Zeiten, was nicht heißt, daß alle Jesaja-Überlieferung für die Tradenten von Jes 35 etwa noch Weissagung wäre. Die Gerichtsansagen Jesajas bezüglich des Gottesvolkes sind als bereits eingetretene präsent, und die Rückkehr Jahwes zum Zion ist nichts mehr Erwartetes – definitive Verwirklichungen prophetischer Botschaft in der Gegenwart und so als Jahwetun erkennbar! Auch im Blick auf das Zeitverständnis ist der Richtungssinn dieser Tradentenperspektive zu beachten: Es wäre unzutreffend zu sagen, diese Tradenten zögen die Prophetenüberlieferung aktualisierend, aneignend produktiv in ihre eigene, jüngere Zeit; so mögen uns die Denkvorgänge hinter ihren Fortschreibungen erscheinen. Im Effekt läuft es vielmehr umgekehrt: Diese Tradenten beziehen fortschreibend die Jahweeinsicht, die Erfahrungen jüngerer Zeit in den Ursprung, in Jesaja und seine Überlieferung ein, womit sie als in der Vergangenheitsgestalt Jesaja verankerte Aussage Ausdruck des vorgängigen, auch und gerade die eigene Gegenwart und Zukunft erhellenden Prae des geweissagten Jahwehandelns werden. Die eigene spätere Zeit und ihre Horizonte sind so bestimmt und erhellt vom längst ergangenen Jahwewort Jesajas; das Prae Gottes wird so im Denkrahmen des wirksamen Prophetenwortes als Gültiges und seitdem Prägendes zum Ausdruck gebracht. Konzis formuliert: Das noetisch Jüngere, die – auch an der Jesajaüberlieferung gewonnene – Jahweeinsicht der Tradenten wird in seiner göttlichen Verursachung als ontisches Vorher in der Jahwekundgabe Jesajas selbst wahrgenommen.[21] In diesem geistigen Bewegungsrahmen wird begreiflich, wie

[21] Bereits die „Denkschrift" Jes *6–8, die wir nach wie vor für eine jesajanische Sammlung halten, ist von dieser Denkbewegung geprägt; vgl. *Steck*, Wahrnehmungen 149–203; *Barth* passim, besonders 278f; *Hermisson* KuD 1981, 101f.

und warum die Reichweite, Geltung und Entfaltbarkeit prophetischer Worte und Überlieferung über die punktuelle Entstehungssituation beim historischen Jesaja entschränkt ist: Es ist die Grundprämisse, daß Jahwe selbst hier kund wird. Deshalb reicht der Sinn dieser Kundgabe über den Augenblick hinaus, deshalb sind hier nicht einfach Prophetenworte, sondern gültige und weiterhin betreffende, klärende Jahweaussagen erfaßt, angeeignet und kontinuierlich weitergegeben worden.
Mit diesem qualitativen Zeitverständnis der prophetischen Überlieferung, dem eine Reihe von Forschern neuerdings nachgegangen ist,[22] hängt etwa auch zusammen, daß Widersprüche im überkommenen prophetischen Überlieferungskomplex, aber auch zwischen Propheten wie etwa zwischen den Zeitgenossen Jesaja und Micha bezüglich des Zion nicht getilgt, sondern als unterschiedliche Dimensionen Jahwes erfaßt werden, die je zu ihrer Zeit gültige Verwirklichung fanden oder finden werden. Und damit hängt ebenso zusammen, daß das Nichteintreffen prophetischer Weissagungen im ursprünglich gemeinten Sinn unter dem Aspekt langzeitiger Gültigkeit und Handlungsfreiheit Jahwes bezüglich der Aussagen für die Tradenten keinen Makel darstellt, der diese Prophetie desavouiert und der Kaschierung bedürfte. Nicht prophetische Personen werden von den Tradenten aufgesucht und kontrolliert, sondern Gott und seine Selbstdefinitionen werden in dieser prophetischen Überlieferung aufgesucht und bei aller Freiheit im Wann und Wie als die gültige, bleibende Perspektive der Selbsterschließung Jahwes für Gottesvolk und Weltbereich angesehen, auf die sich künftige Zeiten einstellen müssen und können.

6. Jes 35 – ein Text ohne geschichtliche Rahmung

Jes 35 ist nur Botschaft und auch die anderen Formulierungen dieser Redaktionsschicht sind nur Wort, nur Botschaft; der konkrete geschichtliche Rahmen, der sie herausfordert und in dem solches Wort ergeht, ist nicht mitüberliefert – weder direkt als nachexilische Situationsschilderung noch indirekt als Darstellung dieser Situation in Vorgängen der Jesajazeit. Diese Eigenart teilen jene Texte mit dem Erscheinungsbild schriftprophetischer Überlieferung im ganzen. Zwar gibt es immer noch – wie für Elija und Elischa, die Propheten des 9. Jahrhunderts, ausschließlich – Prophetenerzählungen, Fremdberichte, aber diese Überlieferungsform erzähle-

---

[22] Vgl. z.B. *von Rad* 47ff; *Willi-Plein* 1ff; *Barth* 301ff; *Jeremias* SBS 100, 77ff; *Hermisson* 96ff.

risch-geschichtlich gerahmter Prophetenworte und -handlungen tritt nun zurück. Dominierend sind von den ältesten Amos-Sammlungen bis hin zu Jes 35 nun die puren prophetischen Logien ohne jeden beigegebenen Situationskontext. Diese Breite prophetischer Überlieferung als Logienüberlieferung hängt an ihrem Ursprung gewiß damit zusammen, daß ihr neuer Inhalt, Jahwes Gericht gegen Israel im ganzen, den bisherigen Heilstraditionen als Rahmen gültiger Jahwewahrnehmung den Boden entzieht: Jahwe in den prophetischen Logien ist jetzt vielmehr der gültige Jahwe,[23] so daß aus diesen Logien hinkünftig das Wissen von Jahwe für Zeit und Zukunft entnommen werden kann und muß – deshalb der Überlieferungsverzicht auf den ursprünglichen Situationsrahmen und die Veränderung ehedem mündlicher Aussprüche für die Weiterüberlieferung.

7. Jes 35 – ein Text in der Sinnbewegung des werdenden Jesajabuches

Jes 35 steht innerhalb des Überlieferungsvorgangs „Jesajabuch", nicht anders als seine unmittelbaren Bezugstexte. Schon innerhalb dieses Rahmens haben die Texte aber nicht nur einen einzigen Sinn, etwa die ursprüngliche Aussageabsicht zu ihrer Entstehungszeit im Werden des Jesajabuches. Jes 34 und Jes 40, so sahen wir, erfahren auf der Ebene von Jes 35 Sinnveränderungen bezüglich der Dauer der Terrainverwüstung und der Zeit der Heimkehr Jahwes, und auch der ursprüngliche Sinn von Jes 35 ändert sich noch einmal mit den jüngsten Fortschreibungen des Jesajabuches, in denen – unter den Erfahrungen des konsolidierten Ptolemäerreiches? – von den Völkern wieder anders, positiver geredet wird.[24] Die in unserer Untersuchung behandelten Texte sind darin kein Sonderfall. Sie reihen sich vielmehr ein in eine ganze Kette von Sinnveränderungen im Laufe der verschiedenen Stadien der Jesaja-Überlieferung, wie immer dieses Werden des Jesajabuches im einzelnen auch näher bestimmt werden mag. Die Tradenten der verschiedenen Stadien werden ihr Verändern gegenüber dem Vorgegebenen, sofern sie sich dessen überhaupt bewußt waren, als Erfassen der Vieldimensionalität Jahwes in Jesaja

---

[23] Vgl. *Steck*, BThSt 44; zu überlegen ist freilich auch, ob für die prophetischen Logiensammlungen neben der Sammlung von Weisheitslogien als Vorbild nicht auch Botschaftsaufzeichnungen von Gesandten im Alten Orient in Betracht kommen; vgl. dazu RLA 3, 212ff; *J. Holladay*, Assyrian Statecraft and the Prophets of Israel, HThR 63, 1970, 29–51.

[24] S. oben II Anm. 5; III Anm. 58; III 2.4 am Ende.

gesehen haben und darin den lebendigen Jahwe zur Wahrnehmung haben bringen wollen.[25] Für uns, die wir im Jesajabuch einen langzeitigen Überlieferungsvorgang historisch befragen, Werdestufen analysieren und diese synthetisch als sukzessiven Ablauf zusammensehen, reiht sich Jes 35 nachgerade in eine Sinnbewegung ein, die sich im produktiven Überlieferungsvorgang des Jesajabuches abzeichnet[26] und keineswegs notwendig kontinuierlich oder gar zwangsläufig sachprogressiv ablaufen muß – die Sachqualität etwa der Jahweeinsicht Jesajas selbst steht einzig da in der Abfolge der Sinnbewegungen im produktiven Werden des Jesajabuches, wie sich nicht erst aus externen theologischen Wertpositionen, sondern schon aus einem internen Vergleich der verschiedenen Überlieferungsstufen des Buches ergibt. Die Elemente der Sinnbewegung im Ablauf der Jesaja-Überlieferung lassen sich exegetisch-historisch beschreiben, und dabei wird auch der relative Standort von Jes 35 im Ganzen sichtbar. Doch ist es mit einer Beschreibung allein nicht getan. Für alle spätere Gotteswahrnehmung anhand des Jesajabuches erwächst aus diesem Bild die unausweichliche Frage: Welche Überlieferungsstufe und ihr Sinn gilt nun eigentlich?

Für die produktiven Tradenten ist gewiß der jeweils letzte, von ihnen in Anlage und Neuformulierungen ausgedrückte Sinn der Jesajaüberlieferung der wesentliche gewesen, ohne daß deshalb das Widerständige im Überkommenen getilgt worden wäre. Die historische Untersuchung hingegen scheint an Jesaja als einer abgeschlossenen Schrift vielerlei zur Wahl zu stellen: die exegetisch ermittelten ipsissima verba Jesajas selbst, die ältesten Sammlungen, irgendeine der Redaktionen oder eben die letzte produktive, der das Buch seine uns überkommene Endgestalt verdankt. Die Gefahr, daß dann nicht mehr der biblische Text seinen Gebrauch steuert, sondern umgekehrt die Interessen der Benutzer die Selektion der Überlieferungsstufen, liegt auf der Hand. Wie ist dem zu begegnen? Zuerst: Anders als die biblischen Tradenten können wir Heutigen nicht darauf verzichten, historisch nach dem ursprünglichen Sinn der Texte zu fragen, im Falle des Jesajabuches also neben den Jesaja-Worten am Ursprung auch nach den Vorgängen der produktiven Fortschreibung bis hin zur vorliegenden Endgestalt des Jesajabuches. Denn nur aus der Korrelation mit der Zeit der Entstehung und produktiven Weitergabe werden die Texte in ihrer Eigenart, in ihrem Anderssein und ihrer

---

[25] Vgl. dazu *von Rad* 47ff; *Barth* 305ff; *Zimmerli,* ThLZ 1979; *Jeremias* SBS 100; *Hermisson.*

[26] Vgl. zur Fragestellung und Methodik *Barth/Steck* 109ff.

Gegenüberposition im Blick auf jeden Leser, in ihrer Sprachgestalt und in ihrem Charakter als Lebensvorgänge deutlich. Nur die Einsicht in die geschichtliche Standortbindung bei der Entstehung biblischer Texte bannt die Willkür lesenden Gebrauchs. Nur die Frage nach der ursprünglichen Verfasserintention und darüber hinaus nach Sinn und Sinnbewegung des Textes innerhalb des grundlegenden Bereichs biblischer Überlieferungsbildung macht die Rezeptionen eines biblischen Textes danach verständlich und sachgemäß bewertbar. Im Zuge solcher Fragestellung kommt auch die Binnenrezeptionsgeschichte zum Vorschein, die das Jesajabuch in sich schließt. Damit aber Einsicht in Veränderungen, die unter den Herausforderungen einer späteren Zeit bekräftigen, erweitern, aber auch verkürzen. Damit auch Erkenntnis, daß ältere Überlieferungen – und seien es die Jesajas selbst – in ihrer Entstehungssituation nicht aufgehen, sondern für Spätere neue Perspektiven eröffnet haben und umgekehrt in ihrer Wahrheit um die Erfahrung der Späteren vertieft und erweitert wurden. Deshalb nämlich, weil sie in der Weiterüberlieferung zur Sinnerkenntnis in einer jüngeren Zeit anleiten wollen und damit von hinten her gesehen auch dem Überlieferten resultativ neue Sinnaspekte zufügen, insofern es mit der Folgegeschichte zusammengesehen wird. Zweitens: Dementsprechend ist am Jesajabuch theologisch nicht nur ein Sinnstadium im Überlieferungsvorgang, etwa das älteste des historischen Jesaja selbst, aufzugreifen. Die Sinnbewegung des gesamten produktiven Überlieferungsvorgangs hat als solche Gewicht, wenn anders nicht der historische Jesaja, sondern das Jesajabuch im Kanon steht; nur so bleibt die darin bezeugte Vieldimensionalität Jahwes lebendig gehalten. Schon daraus erhellt, daß mit dem Jesajabuch de facto eine relevante theologische Sachbewegung kanonisiert ist und weder nur ein Anfangs- noch ein Endstadium. Auch die Sinnaussage der Endredaktion, für die „Jesaja" mehr ist als die redaktionellen Eigenformulierungen letzter Hand, kann schon aus diesem Grunde nicht das allein Maßgebliche sein. Ein weiterer, entscheidender Grund kommt für christliche Theologie hinzu.

8. Jes 35 – ein Text in der christlichen Bibel

Jes 35 steht nicht nur im Alten Testament, sondern in einer aus Altem und Neuem Testament gebildeten, christlichen Bibel. Das heißt: Die Sinnbewegung des Jesajabuches ist damit für christliche Perspektive nicht auf das Jesajabuch beschränkt, sie läuft darüber hinaus auf das im Neuen Testament bezeugte Christusgeschehen zu; erst hier gewinnt die prophetische

Jahwewahrnehmung ihre Vollendung, ihr Ziel, aber auch ihren Abschluß. Für Theologie und Glaube der Christen ergibt sich der verbindliche Sinn der Jesajaüberlieferung resultativ auf dem Boden erst dieses Standorts. So nötig die historische Sinnbestimmung für die christliche ist, verbindlich ist nicht der exegetisch eruierte historische Jesaja, nicht die Redaktionsstufe von Jes 35 und nicht die Endredaktion des Jesajabuches. Verbindlich ist die gesamte Sachbewegung des werdenden Jesajabuches allein in dem Sinne, den dieses Buch im Lichte des Christusgeschehens gewinnt! Diese für Christen maßgebliche Gotteswahrnehmung jenseits des Alten Testaments relativiert den Rang der einzelnen alttestamentlichen Überlieferungsstufen – auch des Jesajabuches –, den diese je zu ihrer Zeit für ihre Gotteswahrnehmung beansprucht haben, verbindet aber zugleich diese einzelnen Stufen zu Gliedern eines Zusammenhanges, der Sachbewegung vieldimensionaler Gotteswahrnehmung auf das Christusgeschehen hin, dessen Anweg diese Bewegung als solche nun darstellt. Das Neue des Neuen Testaments wird sachgemäß erst sichtbar, wenn man es nicht mit Einzelaussagen des Alten Testaments konfrontiert, sondern wenn man es an diese Bewegung anschließt, so daß es sich in einem großen gesamtbiblischen Überlieferungszusammenhang profiliert. Gott will in Christus im Zusammenhang mit dem Ablauf seiner Wahrnehmung im Gang der alttestamentlichen Überlieferungsgeschichte wahrgenommen werden, wenn immer es sich um Kundgabe desselben Gottes handelt, die in den Stadien dieses Weges de facto zum Vorschein kommt, auch wenn diese Stadien sachlich durchaus nicht progressiv immer näher auf das Neue Testament zuführen müssen. Ist das Christusgeschehen, das das Neue Testament bezeugt, im Zusammenhang mit der Wahrnehmungsgeschichte Jahwes, wie sie im Überlieferungsgeschehen des Alten Testaments und je seiner einzelnen Schriften zum Vorschein kommt, die Basis christlicher Gotteserkenntnis, so ergibt sich für diesen theologischen Erkenntnisvorgang eine Doppelbewegung. Auf der einen Seite gewichtet der Maßstab des Neuen des Neuen Testaments im alttestamentlichen Überlieferungsvorgang – gewichtet, ersetzt, relativiert; denn der Anweg ist nicht das Ziel. Auf der anderen Seite vertieft die alttestamentliche Wahrnehmungsgeschichte Jahwes die Wahrnehmung Gottes im Christusgeschehen – vertieft, profiliert, weitet, entfaltet; denn das Ziel ist nicht ohne Anweg.

Einige Konkretionen an der Jesajabuchüberlieferung mögen das Gesagte verdeutlichen. Den Verstockungsauftrag Jesajas (Jes 6) relativiert die jüngere Jesajaüberlieferung, indem sie ihn auf eine inzwischen vergangene Gerichtsphase Israels beschränkt, historisiert und durch Heilsweissagungen aufhebt (Jes 6,*13; vgl. Jes 32,3ff; 29,17ff); angesichts des Christusgeschehens erhält die abgründige Jahwewahrnehmung Jesajas aber als solche erneut Gewicht, tritt in Beziehung zur göttlichen Unausweichlichkeit des Kreuzestodes Jesu und hält darin eine Dimension Jahwes fest, die die Jesaja-Überlieferung sowenig wie die alttestamentliche Überlieferungsgeschichte in sich hat unverkürzt weitertragen können. Andererseits bewirkt das Christusgeschehen nach dem Zeugnis des Neuen Testaments Relativierungen etwa gerade gegenüber der Jahweperspektive von Jes 35 und der damit verbundenen Redaktionsstufe des Jesajabuches. Schon das Neue Testament selbst hat damit begonnen, wenn es Formulierungen von Jes 35 bei der Zusammenfassung des Wirkens Jesu anläßlich der Täuferanfrage (Mt 11,5 par. Lk 7,22), in der Paränese (Hebr 12,12) und für die Heilszüge des Neuen Jerusalem (Offb 21,4) aufgreift. Die Relativierungen von Jes 35 durch das Christusgeschehen reichen aber über neutestamentliche Textzitate hinaus und nähren sich aus dem Ganzen der Bezeugung des gekommenen und kommenden Christus. An die Stelle der Diastase von vernichteter Menschheit und bewahrtem, gesammeltem Gottesvolk tritt die durch Christus aus allen Völkern gesammelte Gemeinde. An die Stelle des Ortes Zion als Stätte der Präsenz Jahwes und Ziel der Heimkehr tritt die Gottesgemeinschaft des Vaters mit dem Sohn für die Gemeinde und die darin gegründete Zukunft des Heils. An die Stelle des eschatologischen Nacheinanders von Gericht und Heilsbereitung im Heimkehrweg, an dem Jes 35 im Blick auf Jes 34 so sehr gelegen ist, tritt das Ineinander von Schwachheit und Kraft im Erdenweg Jesu wie im Weg der Gemeinde in der Zeit auf dieses Ziel zu – die Worte vom gegenwärtigen Menschensohn in den Evangelien und die Peristasenkataloge des Apostels Paulus können theologisch als Aufnahme von Jes 35 gesehen werden.

In diesen Rahmen eines christlich verantworteten Gebrauchs der komplexen Wahrnehmungsgeschichte in beiden Testamenten hat theologische Arbeit und Verkündigung einzutreten. Im Anschluß an diese grundlegende Sachbewegung ist zu formulieren, wer Gott in Christus ist – gesehen unter den Herausforderungen der Folgezeit. Im Blick auf alttestamentliche Texte hat man es dabei gleichsam mit einem vierfachen Schriftsinn zu tun, der jeweils in eigenen Fragestellungen zu bestimmen ist. Zunächst der ursprüngliche Sinn des Textes in der Entstehungssituation, der die Ausbildung der Sprachgestalt des Textes als Lebensvorgang einer Jahwewahrnehmung erfaßt. Sodann der Sinn dieses selben Textes im Verlauf der Überlieferungsgeschichte des Buches, in dem er sich findet, und im Rahmen der Überlieferungsgeschichte des Alten Testaments in sich – Redaktionsgeschichte und eine geschichtlich angelegte Theologie des Alten Testaments sind vor allem der Ort dieser Bestimmung. Die dritte und für christliche Theologie grundlegende Sinndimension ist die, die dieser Text in seinen alttestamentlichen Sinnbezügen nunmehr im Bezug auf die neutestamentlich bezeugte Gotteswahrnehmung gewinnt. Darauf aufbauend steht dann schließlich die vierte Sinndimension des Textes – sein mit der aktuellen Gegenwart in Korrelation gesehener, theologisch in Dogmatik und Ethik verantworteter Sinn heute; er ist es, der den Sachgehalt der Verkündigung und die Orientierungsperspektive für Glauben und Handeln aus diesem Text darstellt. Alle vier Sinnaspekte liegen sachlich auf einer Sinnlinie und besagen zusammengesehen Identität Gottes im Wandel seiner Kundgabe und im Wechsel der geschichtlichen Lebenssituationen. Zum ersten und zweiten Aspekt im Blick auf Jes 35 hat unsere Studie einen Beitrag geben wollen und für den theologisch grundlegenden dritten Hinweise. Den vierten Aspekt auszuführen, ginge über die Möglichkeiten einer alttestamentlichen Untersuchung hinaus. Es scheint aber nicht zu wenig und nicht zu viel gesagt, wenn man daran erinnert, daß Johannes Brahms' „Ein deutsches Requiem" mit der Hermeneutik seiner Textzusammenstellung für den auch darin aufgenommenen Text Jes 35[27] in dieser Richtung die Spur weist.

[27] In Nr. II des Deutschen Requiem ist Jes 40,6–8 mit Jes 35,9b–10 zur Textgrundlage verbunden!

V. Zusammenfassung

Gemäß unserem Ergebnis ist Jes 35 nicht eine Weissagung, die zunächst separat entstanden und dann nachträglich dem Jesajabuch eingefügt wurde. Jes 35 ist vielmehr von vornherein in das Jesajabuch eingeschrieben und gehört somit zur produktiven Fortschreibung dieses Prophetenbuches. Jes 35 ist in diesem Rahmen freilich nicht lediglich ein Einzelzusatz zum überkommenen Bestand dieses Buches, sondern allem Anschein nach ein gewichtiger Text unter mehreren, die eingefügt wurden im Zuge der Absicht, das bisherige Jesajabuch erweitert herauszugeben – in neuer literarischer Gestalt und mit neuer theologischer Akzentuierung. Mit anderen Worten: In Jes 35 wird die Eigenformulierung einer Jesaja-Redaktion greifbar. Diese Redaktion richtet sich auf zwei, offensichtlich bisher voneinander unabhängige, bereits schriftlich festformulierte Bücher: auf Protojesaja, dem bereits weitaus das meiste des Textbestandes und Textablaufs von Jes 1–11.13–22.(23?).(*24–27).28–34.36–39 zugehört, auf der einen Seite und auf den Zweiten Jesaja, in dem ein älterer Bestand von Jes *40–55 bereits auf Umfang und Abfolge Jes *40–62 angewachsen ist. Allem Anschein nach das Werk dieser in Jes 35 faßbaren Redaktion ist es, diese beiden Bücher erstmals zu vereinigen zu der neuen literarischen Gestalt eines Jesajabuches, das nun von Jes *1–62 reicht. Der in dieses Werk redaktionell eingeschriebene Text Jes 35 steht genau an der Nahtstelle zwischen dem Schluß der Ausspruchkomplexe des Ersten Jesaja (Jes *1–34) und dem Beginn der Ausspruchkomplexe des Zweiten Jesaja (Jes *40–62) und stellt den Übergang her, indem er Wortlaut, Stil und Abfolge vor allem der unmittelbaren Nachbarkontexte Jes 32–34 und Jes 40,1–11 in seiner Gestaltung von Jes 35 aufgreift und zu einer neuen Perspektive zusammendenkt, unter der beide, in der Formulierung nicht mehr antastbare Bestandteile dieses großjesajanischen Buches nun als sachlich einheitliche, prophetische Erhellung der Vergangenheit, der Gegenwart und der Zukunft des Gottesvolkes aufgenommen werden können. Dazu mußten freilich die aus dem Bestand des Ersten wie des Zweiten Jesaja vorformulierten Perspektiven in Jes 35 nicht nur bekräftigt, sondern nicht minder ergänzt, aber auch verändert werden. Doch hat Jes 35 mit seiner Brückenfunktion die Exposition dieser neuen großjesajanischen Perspektive nicht allein zu leisten. Jedenfalls an gewichtigen Stellen im Gesamtwerk, nämlich am Abschluß von Teilen dieses Werks, begegnen wir in 11,11–16, in 27,(12.)13 und am Ende in 62,10–12 mit überlegt gesetzten, sukzessiven Aspektvarianten derselben redaktionellen Sicht wie in Jes 35.

Ausbildung und Rezeption dieser Sicht muß man sich in einem Rahmen vorstellen, in dem das so entstandene Großjesaja-Buch immer wieder gelesen wird, studiert, im Wortlaut und in der Textabfolge aufs genaueste bekannt. Die neuen Redaktionsaussagen sind, so sahen wir, unlösbar auf Kenntnis der Formulierungen im engeren und weiteren Kontext des Gesamtwerkes bezogen und gewinnen nur aus diesem vertrauten Bezug ihr Gewicht und ihre erhellende Funktion. Der professionelle Bereich von Schriftgelehrsamkeit tut sich hier auf, getragen von der Überzeugung, daß der überkommenen prophetischen Überlieferung in Jes *1–62 durch genaue Lektüre und Interpretation die klärende Standortbestimmung Israels von seiten Jahwes entnommen und ermutigend, stärkend (Jes 35,3f) an andere des Gottesvolkes weitergegeben werden kann. Wer der schriftgelehrte Kreis ist, der hinter der großjesajanischen Redaktion von Jes 35 steht, wissen wir nicht. Daß er in Jerusalem zu suchen ist und in sachlicher Nähe zum Tempel, liegt nahe, wenn man bedenkt, wie hoch die gegenwärtige Jahwepräsenz am Zion und die Reinheit des Gottesvolkes (35,5–10; 27,12; 62,12) hier eingeschätzt werden. Daß er zeitlich in die Wirren der Diadochenkämpfe zu situieren ist, ist bei der Thematik eines Weltgerichts über alle Völker angesichts des zusammengebrochenen persischen Weltreichs und wegen der Hervorhebung von „Assur“ und „Ägypten“ als Bereichen heimkehrender Diaspora wohl das Wahrscheinlichste.

In dieser weltgeschichtlichen Herausforderung anhand von Großjesaja Klärung von seiten Jahwes zu präsentieren, ist das wesentliche Anliegen dieser Redaktion. Nach dieser Perspektive hat es das gegenwärtige Gottesvolk mit dem Gericht Jahwes längst nicht mehr zu tun; die diesbezüglichen Weissagungen Jesajas und ihre Erfüllung liegen zurück, nur an den Folgen hat es von seiten der Völkerwelt noch zu leiden und an der Verzögerung der Vollverwirklichung des Heils. Jahwe selbst ist bereits wieder nach Zion zurückgekehrt, die entsprechenden Weissagungen aus dem Zweiten Jesaja, aber auch Jes 1,26 vgl. 33,5, sind schon erfüllt. Die Wende ist eingeleitet – auch im Blick auf den bereits eingetretenen Untergang einzelner Völker, wie ihn Jes 13ff.33.*34 insbesondere für Babel und Edom verheißen. Was der Vollverwirklichung des Heils für Zion und das Gottesvolk entgegen steht, ist aber noch dreierlei, und an dessen bekräftigender Weissagung auf der Basis von Großjesaja ist dieser Redaktion vor allem gelegen. Zum einen die Bedrohung durch die Völkerwelt: In dieser Hinsicht betont die Redaktion den Untergang der gesamten nichtisraelitischen Menschheit in einem Weltgericht von kosmischen Ausmaßen (Jes 13; Jes *24–27; Jes 34) als Befreiung für die

Heilsexistenz des Gottesvolkes; eine Ausnahme machen – textgebunden auf Grund des Befundes in Jes 13ff – nur die Ammoniter, die dem Gottesvolk dienstbar werden, während auch die nichtisraelitische Bevölkerung im Heilslande dem allgemeinen Menschheitsschicksal verfällt – die Israeliten im Lande werden ihr gegenüber eschatologisch ausgesondert (Jes 27,12). Das abschließende, eschatologische Weltgericht wird anders als Joel 4 nicht bei Jerusalem lokalisiert; angesichts der verschiedenen Aussagen von Jes 13; Jes *24–27 und Jes 34 ist auf eine Lokalisierung wohl verzichtet. – Zum anderen die Sorge um die Zusammenführung ganz Israels zum „heiligen Volk" (62,12) im Blick auf die jüdische Diaspora in Mesopotamien und Ägypten. Dieses Thema der Heimkehr, aus dem Zweiten Jesaja vorgegeben, zu aktualisieren und angesichts des eschatologischen Weltendes zu klären, ist eines der Hauptanliegen dieser Redaktion, die die eschatologische Heimkehr der Diaspora nach dem Gericht in einem neuen Exodus (11,11–16) nachdrücklich bekräftigt. Ziel ist die Vereinigung des gesamten Gottesvolkes in Zion (27,13; 35,9–10; 62,10–12) zu einem unbedrohten Leben im Heilslande davidischen Ausmaßes (11,11–16; 27,12). – Zum dritten beschäftigt diese Redaktion die Frage des Heimkehrgeländes für die Rückkehr der Zerstreuten. Sie stellt sich angesichts der divergierenden Aussagen in den vorgefundenen Texten Jes 34 und Jes *40–62 als besonderes Problem, das in Jes 35 für das Heimzugsterrain durch Weissagung zeitlicher Begrenzung des Gerichts und heilvoller Veränderung des Geländes gelöst wird.

Diese drei Hauptanliegen der Großjesaja-Redaktion von Jes 35 erwachsen sämtlich aus Problemen, die sich angesichts der Gegenwart durch das Zusammentreffen diesbezüglich vorgegebener Aussagen aus dem Ersten und dem Zweiten Jesaja in diesem neuen Jesajabuch ergeben. Sie werden durch die Redaktion von Jes 35 gelöst durch ihre überbrückenden Eigenformulierungen, die die Lektüre des Gesamtwerkes neu orientieren. Sie weissagen ein bevorstehendes, eschatologisches Eingreifen Jahwes zur Heilsvollendung, in dem Jahwe nicht direkt und unmittelbar selbst handelt und kommt, sondern über dem Zion thronend indirekt wirksam ist – durch seine Rächung, sein Entsprechungstun, seine Hilfe und die Straße zur Heimkehr (Jes 35,4.8; 62,11).

Literaturverzeichnis

Ackroyd, P. R., Isaiah I–XII: Presentation of a Prophet, in: Congress Volume Göttingen 1977 (VT.S 29), Leiden 1978, 16–48.
–, Isaiah 36–39: Structure and Function, in: Festschrift van der Ploeg (AOAT 211) Neukirchen-Vluyn 1982, 3–21.
Aharoni, Y., The Land of the Bible. A Historical Geography, London 1968.
–,/*Avi-Yonah, M.*, Der Bibel Atlas, Hamburg 1981.
Auvray, P., Isaïe 1–39, Paris 1972.

Barth, H., Die Jesaja-Worte in der Josiazeit (WMANT 48) Neukirchen-Vluyn 1977.
–,/*Steck, O. H.*, Exegese des Alten Testaments. Leitfaden der Methodik, Neukirchen-Vluyn [10]1984.
Böhmer, S., Heimkehr und neuer Bund (GTA 5) Göttingen 1976.
Brueggemann, W., Isaiah 55 and Deuteronomic Theology: ZAW 80 (1968) 191–203.

Caspari, W., Jesaja 34 und 35: ZAW 49 (1931) 67–86.
Cheyne, T. K., Einleitung in das Buch Jesaja, Gießen 1897.
Childs, B. S., Introduction to the Old Testament as Scripture, Philadelphia 1979.
–, Isaiah and the Assyrian Crisis (SBT 3) London 1967.
Clements, R. E., Isaiah 1–39 (NCBC) Grand Rapids 1980.

Delitzsch, F., Jesaja (CAT) Leipzig [3]1879 (Nachdruck Gießen [5]1984).
Dillmann, A., Der Prophet Jesaja, Leipzig [5]1890.
Duhm, B., Das Buch Jesaja (HK) Göttingen [4]1922 (Nachdruck [5]1968).

Eaton, J., The Isaiah Tradition, in: Festschrift Ackroyd, Cambridge–New York 1982, 58–76.
Eichrodt, W., Der Herr der Geschichte. Jesaja 13–23 und 28–39 (BAT 17 II) Stuttgart 1967.
Eißfeldt, O., Einleitung in das Alte Testament, Tübingen [4]1976.
Elliger, K., Deuterojesaja, 1. Teilband Jesaja 40,1–45,7 (BK XI/1) Neukirchen-Vluyn 1978.
–, Deuterojesaja in seinem Verhältnis zu Tritojesaja (BWANT 63) Stuttgart 1933.
–, Die Einheit des Tritojesaja (Jesaja 56–66) (BWANT 45) Stuttgart 1928.
Emerton, J. A., A note on Isaiah XXXV 9–10: VT 27 (1977) 488–489.

Fohrer, G., Einleitung in das Alte Testament, Heidelberg [12]1980.
–, Das Buch Jesaja II (ZBK) Zürich–Stuttgart [2]1967.

Haag, E., Der Weg zum Baum des Lebens. Ein Paradiesmotiv im Buch Jesaja, in: Festschrift Schreiner, Würzburg 1982, 35–52.
Hanson, P. D., The Dawn of Apocalyptic, Philadelphia rev. ed. 1979.
Hermisson, H.-J., Zeitbezug des prophetischen Wortes: KuD 27 (1981) 96–110.

Hertzberg, H. W., Die Nachgeschichte alttestamentlicher Texte innerhalb des Alten Testaments, in: Werden und Wesen des Alten Testaments (BZAW 66) Berlin 1936, 110–121; jetzt in: *ders.*, Beiträge zur Traditionsgeschichte und Theologie des Alten Testaments, Göttingen 1962, 69–80 (danach zitiert).
Hubmann, F. D., Der „Weg" zum Zion. Literar- und stilkritische Beobachtungen zu Jes 35,8–10*, in: Festschrift Sauer, Graz 1977, 29–41.

Irwin, W. H., Isaiah 28–33. Translation with Philological Notes (BO 30) Rom 1977.
Jeremias, J., Hosea 4–7. Beobachtungen zur Komposition des Buches Hosea, in: Textgemäß. Festschrift Würthwein, Göttingen 1979, 47–58.
–, „Ich bin wie ein Löwe für Efraim ..." (Hos 5,14). Aktualität und Allgemeingültigkeit im prophetischen Reden von Gott – am Beispiel von Hos 5,8–14, in: „Ich will euer Gott werden" (SBS 100) Stuttgart 1981, 75–95.
–, Der Prophet Hosea (ATD 24/1) Göttingen 1983.

Kaiser, O., Einleitung in das Alte Testament, Gütersloh [5]1984.
–, Der Prophet Jesaja Kapitel 13–39 (ATD 18) Göttingen 1973.
–, Der Prophet Jesaja Kapitel 1–12 (ATD 17) Göttingen 1981.
Keel, O./Küchler, M./Uehlinger, Chr., Orte und Landschaften der Bibel I, Zürich-Göttingen 1984.
Kellermann, U., Israel und Edom. Studien zum Edomhaß im 6.–4. Jahrhundert v.Chr., evang.-theol. Habilitationsschrift Münster i.W., 1975 (Masch.).
Kiesow, K., Exodustexte im Jesajabuch (OBO 24) Fribourg–Göttingen 1979.
van der Kooij, A., Die alten Textzeugen des Jesajabuches (OBO 35) Fribourg–Göttingen 1981.
Kraus, H.-J., Geschichte der historisch-kritischen Erforschung des Alten Testaments, Neukirchen-Vluyn [3]1982.

Lohfink, N., Der junge Jeremia als Propagandist und Poet. Zum Grundstock von Jer 30–31, in: Le livre de Jérémie (BEThL 54) Leuven 1981, 351–368.
Lutz, H.-M., Jahwe, Jerusalem und die Völker (WMANT 27) Neukirchen-Vluyn 1968.

Marti, K., Das Buch Jesaja (KHC X) Tübingen–Freiburg i.B.–Leipzig 1900.
McKenzie, J. L., Second Isaiah (AncB 20) Garden City 1968.
Melugin, R. F., The Formation of Isaiah 40–55 (BZAW 141) Berlin–New York 1976.
Merendino, R. P., Der Erste und der Letzte. Eine Untersuchung von Jes 40–48 (VT.S 31) Leiden 1981.
Michel, D., Deuterojesaja, in: TRE VIII, 510–530.
Mowinckel, S., Die Komposition des Jesajabuches Kap. 1–39 (AcOr(L)11) 1933, 267–292.
Muilenburg, J., The Literary Character of Isaiah 34: JBL 59 (1940) 339–365.
Murray, R., Prophecy and the cult, in: Festschrift Ackroyd, Cambridge–New York 1982, 200–216.

von Orelli, C., Die Propheten Jesaja und Jeremia, München [2]1891.

Pauritsch, K., Die neue Gemeinde: Gott sammelt Ausgestoßene und Arme (Jesaja 56–66) (AnBib 47) Rom 1971.
Petersen, D. L., Late Israelite Prophecy. Studies in Deutero-Prophetic Literature and in Chronicles (SBL Mon. Ser. 23) Missoula 1977.
Pope, M., Isaiah 34 in Relation to Isaiah 35,40–66: JBL 71 (1952) 235–243.
Procksch, O., Jesaja I (KAT IX) Leipzig 1930.

von Rad, G., Theologie des Alten Testaments II, München [7]1980.
Rendtorff, R., Das Alte Testament. Eine Einführung, Neukirchen-Vluyn 1983.
Ringgren, H., Zur Komposition von Jesaja 49–55, in: Festschrift Zimmerli, Göttingen 1977, 371–376.

Schenker, A., Nebukadnezzars Metamorphose vom Unterjocher zum Gottesknecht: RB 89 (1982) 498–527.
Schmidt, W. H., Altes Testament, in: Theologie im 20. Jahrhundert (UTB 1238) Tübingen 1983, 1–60.
Schmitt, H.-Chr., Prophetie und Schultheologie im Deuterojesajabuch. Beobachtungen zur Redaktionsgeschichte von Jes 40–55*: ZAW 91 (1979) 43–61.
Sehmsdorf, E., Studien zur Redaktionsgeschichte von Jesaja 56–66: ZAW 84 (1972) 517–576.
Smend, R., Die Entstehung des Alten Testaments (ThW 1) Stuttgart–Berlin–Köln–Mainz [2]1981.
Spykeboer, H., The Structure and Composition of Deutero-Isaiah, Groningen 1976.
Steck, O. H., Israel und das gewaltsame Geschick der Propheten (WMANT 23) Neukirchen-Vluyn 1967.
–, Strömungen theologischer Tradition im Alten Israel, in: Zu Tradition und Theologie im Alten Testament (BThSt 2) Neukirchen-Vluyn 1978, 27–56.
–, Wahrnehmungen Gottes im Alten Testament. Gesammelte Studien (ThB 70) München 1982.

Thiel, W., Die deuteronomistische Redaktion von Jeremia 26–45 (WMANT 52) Neukirchen-Vluyn 1981.
Thompson, J. A., The Book of Jeremiah, Grand Rapids 1980.

Vermeylen, J., Du prophète Isaïe à l'Apocalyptique, I Paris 1977, II Paris 1978.
Vincent, J. M., Studien zur literarischen Eigenart und zur geistigen Heimat von Jesaja, Kap. 40–55 (BET 5) Frankfurt–Bern–Las Vegas 1977.

Weiser, A., Einleitung in das Alte Testament, Göttingen [6]1966.
Werner, W., Eschatologische Texte in Jesaja 1–39 (fzb 46) Würzburg 1982.
Westermann, C., Das Buch Jesaja Kapitel 40–66 (ATD 19) Göttingen 1966.
Wildberger, H., 1. Teilband: Jesaja 1–12 (BK X/1); 2. Teilband: Jesaja 13–27 (BK X/2); 3. Teilband: Jesaja 28–39 (BK X/3); Neukirchen-Vluyn 1972, 1978, 1982.
Willi-Plein, Ina, Vorformen der Schriftexegese innerhalb des Alten Testaments (BZAW 123) Berlin–New York 1971.
Wolff, H. W., Dodekapropheton 1: Hosea (BK XIV/1) Neukirchen-Vluyn [3]1976.
–, Dodekapropheton 4: Micha (BK XIV/4) Neukirchen-Vluyn 1982.

Zimmerli, W., Zur Sprache Tritojesajas (SchwThU 20) 1950, 110–122; jetzt in: *ders.*, Gottes Offenbarung. Gesammelte Aufsätze (ThB 19) München ^{2}1969, 217–233 (danach zitiert).

–, Vom Prophetenwort zum Prophetenbuch, ThLZ 104 (1979) 481–496.

Stellenregister

Lev 11,14 *36*
– 21,17–23 *32*
Num 20,14–21 *43, 62, 64*
Dtn 14,13 *36*
– 33,2 *71*
Ri 5,4–5 *54*
2 Sam 12,30–31 *63*
2 Kön 18,13–16 *57*
Jes 1 – 39 *58, 76, 101*
– 1 – 34 *58*
– 1 – 11 *64, 80, 83, 86*
– 1 *58, 73, 75, 85*
– 1,7.9.10ff. *56*
– 1,7–9 *68*
– 1,21–26 *63*
– 1,21 *56, 102*
– 1,27–28 *68, 85*
– 2,2–5 *71*
– 2,11.17 *56*
– 4,2–6 *68, 73, 80*
– 4,3 *75*
– 5 – 10 *85*
– 5,19 *75*
– 5,24 *56*
– 5,26 *63, 67*
– 5,30 *71*
– 6 – 9 *86*
– 6 – 8 *92*
– 6 *97f.*
– 6,13 *98*
– 7,3 *62*
– 9,1 *71*
– 10,19–34 *62*
– 11,6–9 *75*
– 11,6–8 *28*
– 11,11–16 *35, 43, 62–64, 66, 67, 80, 85, 86, 101, 103*
– 11,12 *63, 66, 67, 75*
– 11,13–14 *83*
– 11,14 *103*
– 11,16 *43*
– 12,1–6 *68, 75, 80*
– 13 – 34 *56f., 63, 80, 102*
– 13 – 27 *54, 63, 64f., 83, 86*
– 13 – 22 *87*
– 13 *53, 54f., 56f., 86, 103*
– 13,1–16 *63*
– 13,2 *67*
– 13,4 *75*
– 13,5–16 *54f., 57, 80*
– 13,7 *30*
– 13,10.13 *28*
– 13,20–22 *43*
– 14 *57*
– 14,1–3 *75, 80*
– 14,1–2 *40, 64*
– 17 *57*
– 17,5 *62*
– 18,2 *33*
– 18,3 *63*
– 18,7 *40, 64, 75, 80*
– 19,5–6 *33, 43*
– 19,11–15 *22*
– 19,18–25 *40, 64, 75, 80*
– 21 *56f.*
– 21,1–10 *88*
– 21,2 *56*
– 21,16–17 *16*
– 22 – 23 *57*
– 23 *80*
– 24 – 27 *28, 55, 57, 62, 79, 80, 81, 86, 102, 103*
– 24,4 *75*
– 25,6–7 *40, 64, 75, 80*
– 25,8 *75*
– 25,9 *13*
– 26,11 *75*
– 26,17 *75*
– 27,12–13 *62–64, 83, 101*
– 27,12 *102, 103*
– 27,13 *35, 43, 66, 67, 75, 85, 86, 103*
– *28 – 62 *65, 86*
– 28 – 34 *57, 65, 87*
– 28,10–13 *62*
– 28,27 *62*
– 29,6 *75*
– 29,17–24 *16, 68, 73, 80, 98*
– 29,17 *11*
– 29,18 *11, 28*
– 30,18–26 *62, 80*

– 30,19 *75*
– 30,25.27.28 *75*
– 30,27–33 *54*
– 30,27–30 *73*
– 30,30 *67*
– 30,33 *50*
– 31,8 *50*
– 32 – 34 *14, 20, 39, 40, 41, 42, 43, 47, 48, 101*
– 32 – 33 *37*
– 32 *11*
– 32,1 *50*
– 32,2–3 *26*
– 32,3–8 *98*
– 32,3–4 *11, 30, 32*
– 32,4 *11, 24, 25*
– 32,10 *50*
– 32,13–14 *50*
– 32,14 *67*
– 32,15–20 *56*
– 32,15 *11, 16, 25, 32*
– 33 – 34 *31, 55f., 81, 84*
– 33 *11, 42, 50, 55f., 57, 62, 84*
– 33,2–3 *17, 26*
– 33,5 *17, 26, 31, 56, 63, 73, 78, 102*
– 33,6 *63*
– 33,9 *11, 16, 25*
– 33,13 *55f.*
– 33,14–16 *55, 68*
– 33,14–15 *73, 80*
– 33,14 *17*
– 33,19 *56*
– 33,20–24 *17, 24*
– 33,21–24 *55*
– 33,21.23 *32*
– 33,21 *25, 32*
– 33,22–24 *26*
– 33,22 *26, 30, 32, 63*
– 33,23–24 *11, 28, 31f.*
– 33,23 *11, 21, 25*
– 33,24 *17, 26, 40*
– 34 – 35 *49, 58f.*
– 34 *9, 10, 26, 30, 33, 37, 39, 40, 42f., 44, 47, 49–54, 62, 86, 87, 94, 98, 103*
– 34,1–15 *14, 18f., 55*
– 34,1 *53f., 55*
– 34,2–6 *75*
– 34, 2–4 *18, 19, 26, 28, 31, 33, 40, 45f., 46, 48, 52–54, 55, 57, 80*
– 34,5–10 *55*
– 34,5–8 *31, 75*
– 34,5–6 *31, 50*
– 34,6–8 *51*
– 34,7–8 *33*
– 34,7 *19, 26*
– 34,8–15 *26, 45f.*
– 34,8 *10, 24, 25, 26, 30, 50*
– 34,9–15 *43, 55*
– 34,9–14 *21, 26, 32–34*
– 34,9–10 *56*
– 34,9 *10, 24, 28, 33, 50*
– 34,10 *10, 19, 55*
– 34,11 15 *50*
– 34,12 *50*
– 34,13 *10, 19, 22, 24, 25, 33*
– 34,14–15 *10, 19, 25, 26, 36f.*
– 34,15–17 *56f.*
– 34,15 *25*
– 34,16–17 *14, 25, 52f., 56, 59*
– 34,17 *19*
– 35 *(in Auswahl) 9–11, 80, 81–103*
– 35,1–7 *45, 46*
– 35,1–2 *11, 13, 14–16, 16–20, 21, 22, 25, 26, 28, 33, 37, 45f.*
– 35,1 *13*
– 35,2 *13, 32, 47f.*
– 35,3–10 *13, 20–29, 29–37*
– 35,3–6 *9, 47f., 48*
– 35,3–4 *41, 84, 86, 102*
– 35,4 *10, 11, 13, 14, 25f., 42, 47, 66, 68, 103*
– 35,5–10 *102*
– 35,5–7 *20–22*
– 35,5–6 *11, 16*
– 35,6–7 *19*
– 35,6 *10, 13*
– 35,7 *10, 16, 19*
– 35,8–10 *9, 17, 19, 43f., 45f., 46f., 62*
– 35,8–9 *10, 46*
– 35,8 *10, 13, 22, 35, 45, 46, 47, 55, 103*
– 35,9–10 *14, 35, 103*
– 35,9 *22f., 45*
– 35,10 *14*
– 36 – 39 *14, 57–59, 80, 88*
– 37,3 *75*
– 39,1–8 *59*

– *40 – 62 *58, 80, 88, 90, 101*
– 40 – 55 *69–71, 80, 81*
– 40,1–11 *14, 26, 37, 39, 40, 41, 47, 65–67, 69, 70, 87, 94*
– 40,1–2 *17, 18, 32, 40, 48*
– 40,1 *14*
– 40,2 *24, 30*
– 40,3–11 *42*
– 40,3–8 *13*
– 40,3–6 *25*
– 40,3–5 *15, 17–20, 29, 35, 45f., 48*
– 40,3–4 *16*
– 40,3 *13, 25*
– 40,4 *40*
– 40,5 *13*
– 40,6–8 *18*
– 40,9–11 *13, 17, 23f., 29–37*
– 40,9–10 *14, 48*
– 40,9 *13*
– 40,10 *21*
– 40,11 *43f.*
– 41,10–14 *27*
– 41,17–18 *28, 33*
– 41,18–20 *46*
– 41,18–19 *16*
– 41,19 *13*
– 42 *70*
– 42,6 *71*
– 42,7.18.19 *28*
– 42,11–13 *46*
– 42,11 *16, 43*
– 43,5 *34*
– 43,8 *28*
– 43,18–19 *75*
– 43,19–20 *28, 33, 46*
– 43,19 *28*
– 43,20 *28*
– 44,3 *28, 33*
– 45 *70*
– 45,14 *40, 75*
– 46,8.12 *27*
– 48,20–21 *46*
– 48,21 *28, 33*
– 48,22 *67, 75*
– 49,1–13 *70*
– 49,6 *71*
– 49,9–13 *46*
– 49,10 *17, 28, 33*
– 49,11 *13, 28*
– 49,14–26 *40, 70*
– 49,14 *67*
– 49,19 *28*
– 49,22 *63, 67*
– 49,26 *40, 70*
– 50,2 *73*
– 51,1 – 52,6 *65, 71, 80*
– 51,2 *75*
– 51,3 *13, 16*
– 51,10–11 *28f., 46*
– 51,10 *14, 64*
– 52,1 *28*
– 52,6 *73*
– 52,7–12 *87*
– 52,11 *28*
– 52,12 *17*
– 52,13–15 *70*
– 54 *70*
– 54,6 *67*
– 54,7 *34*
– 55 *69, 75*
– 55,6–13 *65f.*
– 55,12–13 *16, 46, 69, 74*
– 55,12 *29*
– *56 – 66 *68–79*
– 56 – 59 *69, 72–74, 80*
– 56 – 58 *71*
– 56,1–8 *72, 75, 76, 80*
– 56,8 *46, 64*
– 57,14–19 *72*
– 57,14 *64, 66*
– 57,19 *78*
– 57,20–21 *73, 75, 80*
– 58,12 *78*
– 58,13–14 *73, 75, 80*
– 59 *71, 75*
– 59,7–8 *13*
– 59,9–15 *78*
– 59,15–21 *51f.*
– 59,16 *51*
– 59,17–18 *28, 29, 31, 68*
– 59,18–20 *74*
– 59,18–19 *72*
– 59,19 *13*
– 60 – 62 *52, 68, 69–71, 73, 76, 80*
– 60 – 61 *80*
– 60 *87*
– 60,1–3 *71*
– 60,2 *13*

– 60,4.9 *40*
– 60,5–13 *40*
– 60,12–14 *40*
– 60,12 *40, 70, 71, 75, 80*
– 60,13 *16, 32*
– 60,14 *70*
– 60,15 *67*
– 60,17–22 *70, 71, 73, 80*
– 60,20 *75*
– 61 *73*
– 61,1 *27*
– 61,2 *50*
– 61,3.7 *29*
– 61,4 *78*
– 61,5 *40*
– 61,6 *32*
– 62,1–9 *69*
– 62,1–7 *69, 70, 80*
– 62,2 *13*
– 62,4 *67*
– 62,8–9 *73, 80*
– 62,10–12 *28, 31, 34, 35, 36, 52, 62–64, 65–68, 71, 74, 80, 85, 86, 87, 101, 103*
– 62,10 *13*
– 62,11 *13, 103*
– 62,12 *28, 83, 102, 103*
– 63 – 66 *69, 72, 74, 80*
– 63,1–6 *50–52, 53, 54, 71, 72, 73, 74, 80*
– 63,4 *50*
– 63,7 – 64,11 *74f., 77, 78*
– 63,12 *29*
– 63,17 *75*
– 63,18 *78*
– 64,6 *75*
– 65 – 66 *74f.*
– 65,8.9 *72*
– 65,13–16 *72*
– 65,15 72
– 65,18 *16*
– 65,19–22 *78*
– 65,22 *72*
– 65,25 *28*
– 66,5 *79*
– 66,14 *16, 72*
– 66,15–24 *40*
– *66,18* *13, 78*
– 66,19–23 *72*
– 66,20 *29, 40, 46, 64*
– 66,23–24 *78*
– 66,24 *78*
Jer Aufbau LXX *57f.*
– Aufbau MT *58*
– 1,4 – 2,3 *58*
– 25,30 *51*
– 30,17 *67*
– 31 *37, 41*
– 31,2 *37*
– 31,7–22 26f., 62, 67, 90, 91
– 31,8.10 *34*
– 31,8 *28, 32, 34*
– 31,9 *33*
– 31,10–13 *36*
– 31,11 *28*
– 31,12–13 *29*
– 31,16–17 *34*
– 31,21 *64*
– 46,10 *54*
– 46,14 *54*
– 47,6 *54*
– 48,2.10 *54*
– 50,16.35–46 *54*
– 50,44 *28*
– 51,6 *28*
– 51,10 *54*
Ez 1 – 48 *58, 64*
– 1 – 39 *58*
– 35 *56*
– 36,5 *54*
– 39 *54*
– 40 – 48 *58*
– 43,2–5 *71*
– 44,4 *71*
Joel *79*
– 4 *103*
– 4,13 *51*
– 4,19 *53*
Am 9,12 *53*
Obd 1 – 14 *54*
– 15 – 21 *54, 63*
Mi 1 *54*
– 1,3–4 *54*
– 4 – 5 *54*
– 4,6 *28*
– 7,12–13 *63*
Hab 3,4.11 *71*
Zef *58, 64*

– 1,7–8 *54*
– 3,9–20 *58*
– 3,19 *28*
Sach 9 – 14 *79*
– 10,3–12 *63*
– 10,10–11 *43*
Mal *79*
Ps 18,13.29 *71*
– 34 *72*
– 74,15 *21*
– 94,1–2 *28*
– 96,12–13 *21*
– 107,33.35 *28*
– 137,7–9 *56*
Klgl 4,21–22 *56*
Dan 3,4.7.29.31 *78*
– 5,19 *78*
– 6,25 *78*
– 9,4–19 *77, 78*
– 9,7 *78*
– 9,24–27 *77*
– 12,2 *78*
2 Chr 32,32 *57*
Sir 39,1 *84*
– 48,22–25 *58*
Tob 14,5 *77*
Jub 23,27–29 *78*
aethHen 5,9 *78*
– 25,6 *78*
– 27,2–3 *78*
– 89,73 *77*
– 90,28–29 *77*
– 92,13 *77*
Mt 11,5 *98*
Lk 7,22 *98*
Hebr 12,12 *98*
Offb 21,4 *98*

Synopse: Der Text Jes 35 und seine Nachbartexte

Jes 34

vgl. Jes 33,2f.5.24

(2) Denn Zorn hat Jahwe gegen alle Völker
und Grimm gegen all ihr Heer;
er hat sie mit Bann belegt,
er hat sie zur Abschlachtung bestimmt.
(3) Und ihre Erschlagenen werden hingeworfen
und ihre Leichen – ihr Gestank steigt auf.
Und es zerfließen die Berge von ihrem Blut
(4) und es zergehen alle ‚Hügel'.
Und es rollt sich der Himmel auf wie eine Schreibrolle
und all sein Heer welkt
wie das Abwelken des Laubs vom Weinstock,
wie eine welke Frucht vom Feigenbaum.

(7b) und es ‚tränkt sich' ihr Land mit Blut
und ihr Erdreich wird mit Fett fettgemacht.

vgl. Jes 32,15; 33,9

---

vgl. Jes 32,4

(8) Denn einen Tag der Rächung hat Jahwe,
ein Jahr der Abgeltung für den Streit mit Zion.
vgl. Jes 34,5–6; 33,22

vgl. Jes 33,23
(9) Und es wandeln sich seine Bachtäler in Pech

und sein Erdreich in Schwefel
und sein Land wird zu brennendem Pech;
(10) nachts und tagsüber erlischt es nicht,
für immer steigt auf sein Rauch.
Von Geschlecht zu Geschlecht liegt es in Verwüstung,
in alle Ewigkeit ist keiner, der es durchzieht.
(11) In Besitz nehmen es Dohle(?) und Igel(?),
Ibis(?) und Rabe wohnen darin.
Und man spannt aus über es die Meßschnur der Nichtigkeit
und die Steine der Unbrauchbarkeit (12) ‚. . .',
und nicht mehr ruft man dort ein Königtum aus
und alle seine Fürsten sind am Ende.
(13) Und aufgehen seine festen Wohnbauten in Dornhecken(?)
Unkraut und Dornsträucher (sind) in seinen Städten;
und es wird zu einer Stätte für Schakale,
zum ‚Gehöft' für Strauße.
(14) Und es treffen sich Wüstenwesen(?) mit Hyänen(?)
und Haarige(?) ‚begegnen' einander.

Ja, dort rastet die Lilit
und findet für sich einen Ruheplatz.

(15) ‚Dort' nistet die ? und legt,
brütet aus und . . . ‚ihre Eier';

Ja dort versammeln sich die ?
eine die andere.

(16) Forscht aus dem Buch Jahwes und lest!
Keines von ihnen ist ausgeblieben,
keine(s) vermißt die (das) andere;
denn der Mund ‚Jahwes', er hat befohlen,
und sein Geist, er hat sie versammelt.
(17) Und er selbst hat ihnen das Los geworfen
und seine Hand hat ihnen mit der Meßschnur zugeteilt,
für immer werden sie es besitzen,
von Geschlecht zu Geschlecht werden sie darin wohnen.

(6) dann wird springen wie ein Damhirsch der Lahme
und jubeln die Zunge des Stummen,
wenn aufbrechen in der Wüste Wasser
und in der Steppe Bäche,
(7) und (wenn) glühendes Land zum Schilfteich wird
und dürstendes Land zu Wasserquellen,

(und wenn sein wird)
an der Stätte, da sich Schakale ‚lagern',
ein ‚Gehöft' für Rohr und Papyrus.

(8) Und dort wird sein eine Straße , '
und heiliger Weg wird sie genannt werden;
nicht wird sie begehen ein Unreiner,
sie ist für sein ‚Volk' da, wenn es den Weg betritt
(und Toren irren nicht umher).

(9) Dort wird nicht sein ein Löwe,
und ein Räuber unter den Tieren steigt nicht auf sie.
(nicht wird es gefunden dort.)

Und es werden ‚dort' gehen die Erlösten
(10) und die Ausgelösten Jahwes zurückkehren
und kommen nach Zion unter Jubel
und ewige Freude (ist) auf ihrem Haupt;
Freude und Frohsein werden (sie) erreichen
und fliehen Kummer und Seufzen.

(11) Wie ein Hirt

seine Herde

hütet,

sammelt er (sie) mit seinem Arm,
trägt Lämmer in seinem Busen
leitet Muttertiere.